樱雪丸高清日本史 7

战国时代
德川的喜与忧

樱雪丸 —— 著

重庆出版集团　重庆出版社

图书在版编目（CIP）数据

战国时代. 德川的喜与忧 / 樱雪丸著. — 重庆：
重庆出版社，2022.1
（樱雪丸高清日本史；7）
ISBN 978-7-229-15814-9

Ⅰ. ①战… Ⅱ. ①樱… Ⅲ. ①日本—中世纪史—战国时代(日本)—通俗读物 Ⅳ. ①K313.340.9

中国版本图书馆CIP数据核字（2021）第077489号

战国时代：德川的喜与忧
ZHANGUO SHIDAI: DECHUAN DE XI YU YOU
樱雪丸　著

丛书策划：李　子　李　梅
责任编辑：李　梅
责任校对：刘小燕
装帧设计：九一设计

重庆出版集团
重庆出版社　出版
重庆市南岸区南滨路162号1幢　邮政编码：400061　http://www.cqph.com
重庆升光电力印务有限公司印刷
重庆出版集团图书发行有限公司发行
E-MAIL:fxchu@cqph.com　邮购电话：023-61520646
全国新华书店经销

开本：890 mm×1240 mm　1/32　印张：8.625　字数：300千
2022年1月第1版　2022年1月第1次印刷
ISBN 978-7-229-15814-9
定价：55.00元

如有印装质量问题，请向本集团图书发行有限公司调换：023-61520678

版权所有　侵权必究

目 录
CONTENTS

第一章
东照大权现
001

第二章
儿子们
013

第三章
君臣天命
023

第四章
宇都宫城钓天井
032

第五章
三代将军德川家光
043

第六章
公武合战
057

第七章
天子巡幸
068

第八章
女人和武士
082

第九章
家人
091

第十章
天皇退位
100

第十一章
休假式疗养
105

第十二章
父亲秀忠
113

第十三章
仁君秀忠千古
118

第十四章
天下之主
124

第十五章
兄弟之死
128

第十六章
独眼龙
135

第十七章
《五人组制度》
141

第十八章
一切都为了上帝
145

第十九章
农民
150

第二十章
预言之子
155

第二十一章
幕府出阵
163

第二十二章
柳生十兵卫
171

第二十三章
智慧伊豆
181

第二十四章
炮轰岛原
189

第二十五章
最后的决战
195

第二十六章
锁国令
203

第二十七章
爱情的结晶
212

第二十八章
宽永大饥荒
220

第二十九章
母亲
225

第三十章
他是谁？
231

第三十一章
一百条鱼引发的血案
240

第三十二章
狮子座陨落
246

第三十三章
奇怪的客人们
254

第三十四章
惊天秘密
263

第一章 东照大权现

元和二年（1616年）六月七日，江户幕府一代重臣本多正信因病去世，享年78岁。

这位被誉为"家康影子"的老头儿无论是生前还是死后都饱受世间的热议，虽然评价极端不一，可谓是恨的人恨之入骨，爱的人爱到深处，但无论怎样，都无法改变他不单单是德川家一介家臣，更是德川家康的"朋友"这一事实。

作为德川时代的开创者，立于万人之上的王者德川家康无疑是一个孤独的人，在他的生命里，有很多家臣，有很多对手，但唯独缺少的，则是朋友。

或许当年的织田信长曾经是家康的朋友，但这也仅限于他在问鼎天下之前的那段岁月，毕竟是在战国乱世，像朋友这种宛如初恋女友般温柔美丽的词汇，在绝大多数时候也只能如初恋女友般昙花一现似的短暂。

而本多正信却是一个例外。他与德川家康之间的那种关系，和石田三成与大谷吉继的那种患难与共相濡以沫的友情并不相同，正信与家康，更多的是一种信任与默契。

即便是在德川家康成为了天下的征夷大将军之后，本多正信也依然能够带刀进入他的卧室，这在德川家是唯一的特例；此外，在很多次家臣会议上，都会出现这样的情况：德川家康和本多正信两人说得哈哈大笑，但手底下的群臣却一头雾水，两只眼睛瞪得浑圆，拍破了脑袋也没弄明白他们在说什么。

用现在流行的话来讲，这两人就是一对好朋友。

正信死后，本多家的家督自然是由本多正纯接替。作为对正信多年来为幕府尽忠奉公的褒奖，德川秀忠特地赐给正纯两万石的领地，这样一来，本多家的俸禄便达到了五万三千石。

本多正纯想都没有多想就直接磕头谢恩了。

不是他忘记了亲爹的遗嘱，也不是他故意无视亲爹，而是他不相信本多正信的话。

凭什么俸禄过了五万石就会有危险？

这台词要说得再露骨一点，那就是凭什么我不能不听我爹的？

在此不得不重复一句之前已经被说了一遍又一遍的话：每一个生活在父亲阴影之下的儿子，都有着一颗超越父亲的心。

虽然在很多时候，儿子一辈子都是儿子。

继武田胜赖、德川秀忠、真田信繁之后，现在终于轮到本多正纯了。

元和三年（1617年）三月初，在江户城内召开了一次小规模小范围的重要会议。

主会者是将军德川秀忠，与会者有南光坊天海、金地院崇传、本多正纯以及林罗山。

议题有两个，第一是将德川家康的遗体从原先的埋葬地骏河久能山迁往日光（枥木县内）；第二则是初步确认一下家康的神号。

前一个是老爷子生前就立下的遗嘱，对此大家都没有什么意见，非常统一地表示在把遗体迁过去之后，还要在那里造一个华丽的类似于纪念园地之类的东西，作为永久性的景观，让一代伟人德川家康和大好江山融为一体。

那个纪念园地后来还真的给造起来了，也确实造得特别华美，那便是现在闻名世界的日光东照宫。

至于后一个议题，则有点麻烦了。

话说日本人其实跟中国人一样,在他们看来,那些著名的伟人死后,往往能化为天上的星星或是神仙,但不管是星星还是神仙,都得有个名字,这就需要活着的人来开动脑筋了。

德川家康的神号,具体方面应该由天皇来想,但在此之前,则必须由德川家内部先做出一个决定:是起神道教的神号,还是起佛教的神号。

确切地讲,佛教里讲究的是每一个人依靠自己的修行灭私灭欲,终成正果,佛不是神,只是过来人。只不过中国也罢日本也罢往往喜欢在宗教上面搞一套你中有我我中有你,故而在大多数人眼中,神和佛是一个概念,于是也就产生了神道教的神号和佛教的神号这两样东西。

在日本,神道教神号一般叫××大明神,佛教神号则叫××大权现。

而用中国人的话来讲,就是到底该称家康为德川真人好,还是叫他家康罗汉好。

首先发表意见的是当前在德川幕府中地位仅次于将军秀忠的头号重臣本多正纯,他认为既然是日本人的神号,那就得用日本本土宗教神道教的,身土不二嘛;但紧接着宗教界大腕儿天海便提出了反对,说要用佛教的,理由是家康生前对佛教非常虔诚,是个非常热心的佛教徒,对于这种一心向佛的人,不弄个佛教神号实在就是对不起他。

天海之后,便轮到林罗山发表自己的看法了。

林罗山时年34岁,他自幼便有天才之名,兴趣爱好是钻研儒家学说,23岁来到德川家康身边,成为御用文人,后来被家康派往秀忠身边,负责教授学问。

此人要论地位的话,堪称是当时日本文化学术界的一哥;同时,即便不论德川家康对他的宠信,光说才学,那也是相当了得,就算称一声天下第一也不为过。

尤其是他的一张嘴一支笔,简直就是谈笑间樯橹灰飞烟灭,能把死的说成活的。

举个例子。曾经发生过这么一件事,且说在庆长十一年(1606年)的时候,有一个真名不详教名叫哈比恩的日本天主教修士来到江户城,说是找林罗山辩论。

辩论的主题是地球是圆的还是方的。

时为公元17世纪,正是哥伦布发现了新大陆,麦哲伦成功绕地球走了一圈的大航海高潮时代,地球是一个球体的理论早就被证明了无数次,已然成了真理,就连地球仪也早发明了出来,而且普及率还很高,日本就有的卖,当年织田信长手里就有一个,同时这哥们儿还有一张世界地图。至于我们中国,那也早在汉朝的时候就已经由伟大科学家张衡老爷爷提出了"天如鸡子,地如鸡中黄"的理论了,按说,这玩意儿本没有任何讨论的意义,摆明了就是那样,多说无益,说破了天,都是这样。

然而结果却是任谁都没有想到的,面对接受过多年洋教育,精通西洋文字和西洋科学的哈比恩,全然不知近代科学为何物的林罗山提了一套"四书五经"就上场了。经过一个多小时的公开辩论,哈比恩被说得彻底崩溃,手里拿着还在转动的地球仪,嘴上却连连口称林大哥我错了,这地球它就是方的,从今往后谁要不承认地球是方的我跟他急。

同时,此事也直接让哈比恩对上帝的信仰产生了动摇,后来没过多久,他就退教了。

话再说回到开会现场的林罗山,尽管这家伙满腹经纶,可对于佛教这哥们儿似乎比较敌视。他小时候曾经在日本著名宝刹建仁寺里学习儒学,可当住持和尚看他大才想让其削发为僧的时候,却遭到了断然拒绝。后来到了德川家,虽然一度奉家康之命出家,可却也不过是装个样子,所以当秀忠问起他的意见时,林罗山很干脆地表示,于情于理,都该用神道教的神号,说完还看着天海,大有一副老子跟你辩个黑白分明的架势。

但天海依然淡定如故,他用小眼神瞥了一下身旁的金地院崇传,意思是该你说了。

崇传也是那会儿日本佛教界的领袖,一开始在家康身边只是负责外交工作,但渐渐地他的内政才华也受到了赏识,于是便成了内外一把抓的重要人物,在任期间起草制定了幕府无数政令法律,像《武家诸法度》《寺院诸法度》还有《禁中并公家诸法度》这三部江户幕府的根本大法,据传都是出自他手的作品。

崇传看了看周围的其他人,再看了看天海。此时天海的眼神已经转移到了林罗山身上,因为他觉得崇传虽然跟自己素来不和,那也不过是为了在将军面前争得佛教界一哥的头衔,退一万步讲,大家都是侍奉佛祖的和尚,在家康神号的认定问题上,是不应该出现不团结情况的。所以崇传的意见必定是用佛教的神号,那么局势就是二对二,接下来必然要来一场辩论会,自己作为比崇传多活了几十年的佛界老前辈,理应扛起大梁,单挑那个能把地球说成方的林罗山。

"贫僧认为,大御所的法号,用'明神'二字更为妥当。"

此话一出,自然是全场震惊,尤其是天海,脸都变绿了。

这也忒孙子了这个。

知道你恨我,知道你总想逮个机会通过贬低我的方式来抬高自己,也知道你总想在将军面前出风头,可不管怎样,都犯不着这么干吧?你好歹也是从四五岁便开始侍奉佛祖的人,为了一己私欲,连信仰都可以不要了么?

天海无奈地摇了摇头,但旋即又露出了一脸狡黠的微笑。

一个能够为了一己私欲而舍弃几十年信仰的人,又有什么好怕的。

更何况,你的私欲并不会在此得到满足的。

"将军大人,大御所的神号,是一定要用佛教的才行。"

看着态度似乎极为强硬的天海，秀忠一脸奇怪："为何？"

"因为大御所在临终之前，曾特地嘱咐我，说百年之后的神号，要用权现二字。"

秀忠越发莫名了："怎么我不知道？"

"当时没有外人，只有我和大御所两人。"

这话刚一说完林罗山就跳起来了，大叫着说秃驴你好大的胆子，眼看着局势是三比一就狗急跳墙伪造起了大御所的遗嘱，太不要脸了你。

一旁的秀忠也表示，天海大师我不是不理解你身为信佛之人想让我多用佛号的心情，但神道教的神号并没有什么不好的地方，所以还是少数服从多数一下吧。

但天海听了却是摇摇头："不行，不管用怎样的神号，都不能用神道教的。"

"为何？"

"因为丰臣秀吉的神号，就是丰国大明神。"

这是真事儿，不是谣言，之前提到过的那座丰国神社，正是用来拜祭丰国大明神丰臣秀吉的专用神社。

此话的分量非比寻常，因为用了大明神的秀吉，只传了第二代。

现在正值第二代治世的德川家，若是用了大明神的称号，会变得怎样呢？

即便不会产生直接影响，可至少也能算是不吉利吧？

于是，德川家康的神号，就这么被确定为佛教式的了。

数日后，朝廷给了三个具体的候选名：日本大权现、东照大权现和东明大权现。

幕府挑了当中的那个，也就是一直被沿用至今的东照大权现。

在搞定了德川家康的神号之后，德川秀忠又开始着手处理起了丰臣秀吉的事情。

数日后，他召集群臣，宣布要给丰臣秀吉和丰臣秀赖父子重新修缮纪念堂。

说起来，原本用于纪念丰臣秀吉的那座丰国神社，在丰臣家灭亡之后，也被德川家康给强拆了，就连秀吉的那个丰国大明神的称号，也被老爷子奏请朝廷给剥夺了。

而丰臣秀赖，当然更加不可能有神号跟神社了。这哥们儿自爆之后，连个全尸都没能找着，只能捡了几块碎肉送到了京都的养源院给埋了起来。

说真的，挺可怜的。所以像秀忠这种忠厚良善之辈，当然会动恻隐之心，更何况自己的老婆是淀夫人的妹妹，自己又是秀赖的丈人，尽管家康活着的时候他不敢多说一句，但现如今总算轮到自己当家了，也就能把想法给现实化了。

秀忠的意思是虽说丰臣家作为迄今为止幕府最大的反动派敌人，他们的纪念堂肯定不能大兴土木，但也不能没有，还是得有那么一点儿，比如随便找一个庙，在那庙里面设一个小小的纪念用的厅堂，这种程度就行了。

"请将军大人将此事交给在下！"秀忠刚刚说完，便立刻冒出来了个主动请缨的，那便是土井利胜。

利胜在这些年来，里里外外明的暗的帮秀忠处理了无数杂事难事，就连秀忠的私生子幸松，也都是他一手在那里照顾着，堪称将军的贴心人，非常受信赖。

所以德川秀忠当即就表示，你干活我放心，不过因为要涉及诸多宗教问题，到时候你和金地院崇传一块儿去处理吧。

眼看着这事儿就这么圆满地得以处理，秀忠要宣布散会了，突然一声大喝响起："不行！"

"大御所之所以要拆掉丰国大明神，正是因为生怕丰臣家死灰复燃，现在居然又要重新盖起来，这违背了大御所的遗命暂且不说，也会给那些丰臣家的残党一个可乘之机，他们定会将这个新造起来的神社当做自己的据点，隔三岔五地相聚一起商讨推翻幕府事宜，将军大人，此事一定要慎重考虑啊！"

这种时节，敢对秀忠公然大喊"不行"这种大逆不道之言的，也就只有本多正纯了。

但秀忠却并没有生气，而是将皮球踢给了土井利胜："利胜，你觉得呢？"

土井利胜笑笑："本多大人杞人忧天了，丰臣家已然绝后，所谓的残党，也早就大多被逮捕，剩下的那些小鱼小虾，即便有心，却也没那能耐。此外，如果连盖一座小庙的度量都没有，那么幕府反而会被天下耻笑，与其这样，不如以德报怨，向天下展现将军大人的气度。"

这话说得那叫一个有理有节，纵然是本多正纯想反驳，却也无从下口，于是只能气急败坏地怒吼了一句："我不同意！"

原本还满脸微笑的土井利胜一听这话也上火了，嚷嚷着说你小子算个什么东西，从刚才就开始高声叫嚷反动言论大肆胡说，这里都忍你半天了还不知好歹，有没有王法了这都？将军决定的事情用得着你来说半个不字？

倒是德川秀忠依然保持着微笑："正纯，这是二代将军秀忠我的决定，大御所的遗命，也未必要往死里照办吧？"

话都已经说到这个分儿上了，本多正纯只能低头表示自己同意给丰臣家造一个纪念堂。虽然他心中自然是有千万个不服。

其实这已经不是本多正纯第一次遭到这种待遇了。

话说在大阪城攻防战的那会儿，虽说德川家康已经让秀忠做好了抛妻弃女的心理准备，但老爷子毕竟还是心疼孙女的，所以他曾经下过一道命令，说是在开战之后，一定要不惜一切代价将千姬救出来，谁救出来的，到时候就把千姬嫁给谁。

后来的事情你也知道了，淀夫人主动把儿媳给送了回来。当时的安排是由丰臣家武将堀内氏久负责护送，到了德川家营地之后，再由德川家的家臣坂崎直盛负责送入家康的大营。

就这样,这位坂崎直盛大人便成为了"救出千姬"的大功臣。

对此,家康表示了认可的态度,并且也曾当众说过,要把千姬嫁给坂崎直盛。

直盛听了当然是非常激动了,作战的时候也卖命异常,却不承想拼命拼过了头,在不避箭矢地冲到了大阪城下之后,被丰臣家放的一把大火给烧伤,而且伤到的地方还是脸部,等于说是毁了容了。

但德川家康毕竟是德川家康,在直盛毁容之后,他仍然非常大度地表示,男人,尤其是武士的价值,绝非只在于区区的一张脸,正所谓脸乃身外之物,烧了就烧了,这千姬的老公,仍是坂崎直盛,不管怎样,只要人活着,就不会更改。

这门婚事家康交给了本多正纯,让他负责具体操办。

然而,在家康去世之后没多久,正当本多正纯已经把婚礼参加者的请帖都快要发出去的时候,德川秀忠突然宣布,取消坂崎直盛和千姬之间的婚事,让千姬嫁给本多忠刻,也就是本多忠胜的孙子。

此事让本多正纯很受打击,怎么说都忙里忙外了一年多了,好容易能当一回德川家康孙女婚礼的主策划,现在这功劳说没就没了,让人怎能继续心平气和地活下去?

正纯找到秀忠,想问问是怎么回事,而秀忠却只是含含糊糊地表示,因为坂崎直盛和千姬两人的八字不合,实在不能凑成一对,这事儿,就算了吧。

实际上的原因是千姬不愿嫁——当她看到坂崎直盛那张被严重烧伤的脸之后,便天天跑到父亲秀忠那里去哭诉,哀求父亲取消这门婚事。秀忠本来就是个爱女儿爱得如命根子的人,一看女儿哭成那样,心中自然不忍,再看看坂崎直盛的那张脸,当然就取消了这门婚事。

只是本多正纯不肯,他屡次三番地跑到秀忠跟前,反复说这是大御所的遗命,但磨破了嘴皮子,秀忠却也是寸步不让,最终正纯不得不败下阵来，俯首认输。

其实这事儿怎么说都跟他没关系，秀忠要嫁女儿当然是秀忠说了算。

其实本多正纯也不是不明白这个道理，机智聪明的他也知道，自己现在的处境相当恶劣，二代将军秀忠跟上一代的家康不一样，不再是什么都顺着、向着自己了，长此以往，自己在幕府中的地位很有可能就要被取代，所以，必须得想一些对策。

问世间宫斗为何物，正所谓一物降一物。

在本多正纯看来，能够降服德川秀忠的人，有且只有一个，那便是德川家康。

所以哥们儿这才会长期以来把德川家康的遗命挂在嘴边，几乎就把那玩意儿当作是一把用来压制德川秀忠的尚方宝剑了。

这只能说是一种典型的聪明反被聪明误。

一个人活着的时候，纵然他拥有再大的权力再无边的威望，只要他的生命结束，那么这些东西都会化为虚无，最直接的例子就是织田信长和丰臣秀吉。信长那个变态外星人在活着的时候曾经自称是魔神，随便捡了一块破石头就放到庙里说是自己的化身，要士农工商都去跪拜；而秀吉虽说还没到那种走火入魔的程度，却也不是省油的灯，这老小子当年一度自比太阳，就差跟尼采一样要照亮全球了，可结果怎样？两人死后，留下的偌大家业无一不是灰飞烟灭荡然无存，这足以证明即便死人有时候能够吓唬吓唬活人可终究无法胜过活人这一亘古不变的真理。

活着，就是力量。

于是，千姬改嫁一事，就这么被画上了一个句号。

只不过还得另说一段，因为有一个小插曲。

却说元和二年（1616年）十月十日，这天是千姬上花轿去本多忠刻的前夜，正当江户城里上上下下在准备着婚礼事宜，突然就传来了一个惊天的消息：坂崎直盛带了一批人马，以自己家里为据点，正在分发武器，打算在十一日的时候全力出动，将千姬的花轿给劫走。

德川秀忠在得到消息之后，立刻派出了一万人的部队将坂崎家给团团包围了起来，并且下了一道在他执政生涯中都异常罕见的死命令：决不能让坂崎直盛活下来。

双方兵力是一比十，而且家丁的战斗力铁定不如久经沙场的关东武士，再加上大本营是自己家，根本无险可守，所以任谁都明白，坂崎直盛死定了。

于是接下来的问题就是他该怎么死。有两个选择，一个是负隅顽抗，被人攻破家门，全家一起陪葬；另一个则是自我了断，虽说还是一个死，但至少死得体面，死得干净，不拖累他人。

考虑到坂崎直盛毕竟也是个有功劳的人，而且幕府也没有大动干戈的打算，所以便派了一个使者进入坂崎家，劝直盛认清形势，赶紧自裁。

经过一番游说，坂崎直盛认识到自己确实已经穷途末路，为了不连累家人，于是便答应对方，切腹自尽。

切腹的细节毋庸多叙，在此先提一件事：这位前来劝服的人，名字叫柳生宗矩。

此人是坂崎直盛的好友，当时在幕府担任兵法指南，简单来说就是将军的剑道教练以及政策顾问，地位颇高，但要论知名度，却是不如他爹和他儿子。

柳生宗矩的父亲叫柳生宗严，是日本一代剑圣上泉信纲的嫡传弟子，也是日本著名剑道流派柳生新阴流的开创者；而宗矩儿子则更加有名，乃是日本史上最具传奇色彩，最受文学家们喜爱的剑客之一——柳生十兵卫。

柳生家的故事就暂时就讲到这里，详细的以后再说，至于坂崎直盛，人都死了自然故事也结束了。所以现在还是把话题继续转回之前的本多正纯身上。

其实本多正纯也没什么好说的了，说实在的这哥们儿也是别无他法，不然也不会拿个死人来压活人，在这里我可以非常大方地做个剧透：在之后的日子里，他会继续非常无奈地玩这一招，一直玩到自己政治生命的终结之日。

反正终结的那一瞬间，你是怎么都猜不到的。

而德川家为丰臣家修庙一事，也确实如土井利胜所料想的那样，当老百姓知道此事之后，纷纷赞扬幕府心胸宽大，不愧为天下的德川家。

这些赞美之词大多都通过土井利胜之口传入了秀忠的耳朵里，对此，将军大人非常满意。

只不过与此同时，还有一个在民间拥有比给丰臣家造庙流传度更高更广的故事，虽然德川秀忠对此一无所知。

第二章 儿子们

话说就在这一年春夏交替的那会儿，某日深夜，江户城下町的一家正准备关门打烊的酒肆里，突然就闯进来了两个人，手里拿着三尺多长明晃晃开了刃的武士刀，脸上各自戴着一副般若面具，也就是鬼面，口里还喊着山歌词：此树是我栽，此店是我开，要想不被砍，赶紧拿酒来！

店老板也就是个做小本生意的老百姓，这辈子就没见过这阵势，乍一看还以为是打劫的，于是连忙捧了一天的营业额双手奉上："请大王笑纳。"

结果却被对方一把把钱摔在地上："谁要你的臭钱，拿酒来！"

老板一下子就郁闷了，但眼前那一闪一闪的钢刀让他又很快清醒了过来，连地上的钱都没敢捡，慌忙又转过身去，将店里卖得最好的酒，一滴水都不兑地端了上来。

然后两人痛饮一番，勾肩搭背地离开了。

望着这两个魔头远去的身影，店老板这才敢微微地长吁一口，摸了摸胸口那颗被吓得惊跳不已的心脏，弯腰开始捡起刚才被打落在地的铜板。

可没想到才捡了两三枚，突然店里冲进来三四个全副武装的彪形大汉，其中一个冲着老板就行了一个礼："店主，您受惊了。"

此时的老板早就被惊得瘫倒在地都快尿了，连声音都变了："您……

您……要酒……还……还是……要钱？"

那人连忙摇摇头，表示自己什么都不要，非但不要，反而还是来送他东西的。

说着，这人便从怀里掏出了一枚金币，递给了店老板："这是刚才那两人的酒钱，不用找了。"

说完，一行人也消失在了这茫茫的夜色之中。

这样的事情发生过好几次，几乎是每隔上几天就要来一次，以至于整个江户都传开了，大伙纷纷猜测，这两个戴面具的到底是谁，而后面跟着送钱的，又是谁，同时，他们这么做的动机又是什么？要知道，那两人一次喝酒最多三四壶，换成铜钱不过几百文，可后面的来人却直接付了一枚价值一两黄金、铜钱几千文的金币，这也太不可思议了。

但不管怎么讨论，都没能得出个结果，最终能够肯定的，只有那两个鬼脸魔头的年龄，从身高声音上来判断，两人或许只是小孩子，至多不过十四五岁罢了。

这个传言最终被传到了阿江夫人的耳中，虽然是由侍女像说民间趣闻那样说了出来，但她却一点也乐不起来。

因为就在不久之前，江户城内发生过一起偷窥侍女洗澡的事件，有两个色狼也是都戴着般若面具，然后趴在墙头目不转睛地盯着看，后来虽说是被当场发现了，可因为两人跑得快外加有面具遮脸，所以至今也未能擒获真凶。

难道，偷看洗澡的和外出勒索酒的，是同一对人？

那要真是如此，岂不是跟江户城，也就是幕府德川家扯上干系了？

阿江陷入了深深的沉思，并当下调派人手，展开了调查。

但还没等她查明白，更加麻烦的事情又出现了。

幸松，那位德川秀忠偷吃后结下的果子——幸松，被曝光了。

其实这也是迟早的事儿，毕竟见性院作为一个老尼姑，突然身边就多了一个孩子，本身就是件怪事儿，再加上那位阿静也隔三岔五地前来探望，故而很快就让人起了疑心：这孩子到底是谁家的？

正在大家私下暗自猜测的时候，又有好事者非常意外地在见性院身边发现了土井利胜的身影——哥们儿是每个月按时来送生活补贴的。

于是答案就水落石出了：这孩子他爹有两种可能，第一种是土井利胜本人；第二种，则很有可能是对土井利胜极为信赖，大事小事事事都叫他去做的德川秀忠。

考虑到利胜不是个怕老婆的人，实在没必要有了儿子还丢在外面，所以根据排除法，答案只能有一个：德川秀忠。

听到了这个消息的阿江夫人那真是又气又急，气的是自己老公居然敢在外面偷腥；急的是这孩子要真是秀忠的亲骨肉，那等于就是说他也是将军家的儿子，地位虽不能跟世子竹千代相提并论，但却也能和自己所疼爱的国千代平起平坐，以后分走了遗产不说，就连秀忠的父爱，估计也要夺去一半，这可怎生了得。

气急败坏的阿江当下就有一种派人去把那野孩子抓来吊着打的冲动，但终究还是冷静了下来，自己怎么说也是高贵的文明人，轻易不能动粗。

她派了两拨人，一拨去找土井利胜，要从他口中打探出那个孩子的来历；而另一拨则去了见性院处，主要目的也是问问这孩子的事儿，顺便再以将军夫人的名义把孩子接到江户城里来，亲眼看看，和秀忠像不像，再亲口问问，小朋友你爸爸是谁，毕竟小孩子是不会撒谎的。

只是这两路人马都不怎么顺利。

首先是土井利胜，那哥们儿是何等聪明的人，一看来的这些人就知道他们想干吗了，于是便非常客气地开始讲事实摆道理，表示你们的那些种种看法不过是推测，并没有实际上的证据，从来都没有规矩说尼姑庵里不许养小孩，或许是见性院收养的哪个可怜的孤儿呢？也可能是正经人家的孩子，用来继承武田家的呢？再兴许是那老尼姑有了第二春呢？总之，可能性很多，在没有确凿证据之前，实在没必要一棵树上吊死,至于老子我,那是奉了将军大人的命令,前去探望见性院,毕竟那怎么说也是将军弟弟武田信吉的养母,不能黑发人死了就不管白发人,这实在没人性。

说完这些利胜还加了句:你们若是不信,可以去问将军。

德川秀忠当时不在江户,正在京都朝廷处理事务,根本问不着他,即便问得着,也未必能问出什么来,所以这话等同于废话,但却让土井利胜至少在底气上压过了阿江的使者们一筹。

这边无功而返,那边则是踢了铁板。

拜访见性院的,是阿江的姐姐常高院,也就是浅井三姐妹中嫁给了京极高次的那个老二——她在庆长十四年(1609年)时,因夫君去世,所以便削发为尼,号常高院。

在这里普及一个常识,在那个时代,日本有地位的男人去世之后,他的老婆多半会出家当尼姑,比如丰臣秀吉的老婆宁宁,号高台院;前田利家的老婆阿松,号芳春院等等。

和两位性格嚣张霸气外露的姐妹相比,常高院则属于那种绵里藏针的类型,所以在很多时候,她都充当着一个四处奔走的调停使者角色,比如在德川和丰臣对峙的那些年里,她就数度在两家之间斡旋,虽说最后双方依然是横刀相见,但也不能因此把她的功劳给一笔抹杀,要论起动之以情晓之以理,这位大姐还是相当厉害的。

她和见性院之间的对话,完全都是在一个非常温馨的气氛下进行的。

双方互相问候谈过天气之后,常高院率先进入了话题:"我这次来,是想问问别人托付给您的那个孩子的事情。"

这话看似平淡无奇,实际上却蕴含着无限的杀机。

"别人托付给您的孩子"。

尼姑庵里只有一个孩子,那就是幸松。

故而在尼姑庵里提到孩子,不管前面的定语是什么,给人的第一反应都是幸松。

而且，人类的第一反应，往往是很诚实的，这就好比即便你改了名字，但如果在大街上毫无防备地突然大叫一声你的本名，你都会回头去看那样。

所以常高院有理由相信，如果这个孩子真的是某人"托付"给见性院的话，只要这么一说，她必然会毫无防备地承认，比如回答"这孩子怎么了""您找这孩子有事"之类。但不管怎么回答，都等于是承认了这孩子是别人托付过来的，于是便能展开下一段对话了，那就是问一问，到底是谁托付的。

但见性院的回答却出人意料："我这里并不曾有什么孩子啊。"

常高院因为根本就没想到对方会这么摆明着要赖，一时间有些措手不及，但很快她就想出了应对方法："您这里有一个五六岁的孩子，很多人都亲眼看到了，您却不肯承认，难道，有什么隐情吗？"

当场识破别人的谎言再反将一军，这种手法并不少见，往往能起到反客为主、反守为攻的效果。

但见性院却依然见招拆招："啊，您说的是幸松吧？他可不是什么受人托付，而是我自己的孩子啊。"

装无辜＋装诚实，也是在谈判中被经常用到的，通常可以起到迷惑他人的作用。

但常高院毕竟是常高院："您是说您的孩子……那这孩子是您……"

因为考虑到大家都是高贵的文明人，所以一些比较市井的问题诸如"这孩子是您生的"等话实在问不出口，故而常高院只能玩一招欲言又止，企图通过这招，逼对方说出孩子的来历——既然不是你生的，那这孩子总得有爹有妈吧？爹妈是谁？

"这是我妹妹牵线，我收养的孩子，准备将来让他继承武田家的。"见性院微笑着说道，"他的父亲本是武田家的旧臣。"

事情进行到这一步，常高院明白，靠"询问"来打听明白幸松他爹是谁，那是不可能的了。

"是不是可以让这个孩子去一趟江户城？"常高院说道。

去江户城的理由那当然被说得冠冕堂皇，常高院表示将军夫人早就听说见性院您这儿有一个出落得可爱无比的气质型美少年，一直都想见一见他，这才专门命自己前来带孩子走一趟的。这事儿其实对大家都有好处，毕竟你说一小毛孩连路都走不稳的时候就已经见过将军夫人了，这对以后的前途肯定有帮助。

"不了。"见性院面带微笑，淡淡地回道。

"您……您这是在拒绝？"常高院仿佛不相信有人会或者说有人敢当面明着拒绝来自将军家的召见，所以还特意确认了一遍。

见性院微笑着点了点头："这孩子既然已经被我收养，那便是武田家的人，虽然有些不识好歹，可这事也的确跟将军家没什么关系，我想，这江户城还是不必去了吧。"

虽然说话的声音依然是柔声细语，但常高院却非常明白这其中的强硬。

真不愧是武田信玄的女儿啊。

于是这事儿也就只能这样了，毕竟无凭无据，你能怎么着？总不能去见性院那里强行抓人来做滴血认亲吧？

虽然，阿江是非常不爽的。

土井利胜就不用说了，这小子从来都是个滑头，这个大家都知道，只是他本来是秀忠身边的人，根本没有帮着外人卖自己主子的可能，正所谓食禄尽忠各为其主，凭良心讲也不能怪他。

至于见性院，那真的是让阿江很愤怒，也很火大，可却是一点办法也没有。毕竟是软的怕硬的，硬的怕拼命的，碰上了敢豁出命来跟自己较劲的见性院，纵然是江户城内一霸的阿江也是无从入手，她只能打落牙齿往肚里吞，就当是生活中的一个小插曲、小麻烦。

结果却没想到这麻烦却是接二连三的。

此事发生的数日后，秀忠从京都回到了江户。回家的第一顿晚饭，是阿江亲自下的厨，随后，由国千代陪着，一家三口共进晚餐。

而竹千代则在自己屋子里享用阿福的七色饭。

在端上来的料理中，有一道煮鸭子。

日本人吃鸭子的情况不多，尤其是在古代，所以秀忠一边品尝一边就顺口问道："说这鸭子是从哪儿来的？"

阿江似乎是早就等着老公的这句话，连忙放下手里的碗筷，笑着说道："是国千代弄来的。"

秀忠点了点头，又问："怎么弄来的？"

"是国千代专门为将军大人打来的哟。"

当时这位德川家的二少爷年仅11岁。所以秀忠很感兴趣地问："那是怎么打下来的？"

"用铁炮。"国千代也放下了碗筷，响亮地回答道。

在那个尚武的时代，10来岁的孩子能够熟练地用铁炮打下野鸭，是一件非常值得高兴的事情。所以德川秀忠听后，连连地点头微笑，对儿子的武艺赞口不绝。

而一旁的阿江也不失时机地开始称赞国千代平日里的文韬武略，笔墨风骚。

当秀忠再度夹起一块鸭肉的时候，突然想起了什么："国千代，这鸭子你是在哪儿打的？"

"西之丸外的护城河边。"

秀忠那到嘴的鸭子肉不由得掉了下来。

接着，他把碗给摔了，发出了一声哐当巨响。

"混账！"

秀忠一声怒喝。

在阿江的记忆中，这是从来都不曾有过的事情。

她不知道自己哪里得罪老公了。

难道是去见性院那里让他知道了？

可秀忠的那一双射出怒火的眼睛，分明是在对着都已经瑟瑟发抖了的国千代啊。

这孩子怎么了？

我怎么了？国千代一脸异常的惊恐和疑惑。

"你小子，站在城外对着西之丸放枪了吧？"秀忠问道。

"我……我……"国千代想要说他没打到西之丸，只是在护城河边打鸭子，恰巧一个方向罢了。但却被秀忠的气场压迫得连发声都困难，更别提讲话了。

"你是想说你只打了鸭子，没打到城，是吧？"秀忠看穿了儿子的想法。

国千代连忙点点头。

"我告诉你，要是你今天真打到了西之丸，那你现在的人头早就不在肩膀上了。"秀忠说道。

国千代哭了。

这是肯定的，你用一副狰狞的嘴脸外加魔鬼的口气去吓唬一个小学生，他也会流眼泪的。

"你知道西之丸是什么地方？"秀忠又问道。

"是……是兄长……住……的……"

"那不是你兄长！"秀忠突然又提高了嗓门，"那是你的主公！"

阿江实在忍不住了，不由得开口帮起了儿子："国千代还小，你别这样，要吓着他的。"

"你闭嘴。"

现在坐在屋子里的那个男人，仿佛已然脱胎换骨，不再是那个连多摸了一下侍女小手都会心惊胆战不敢和老婆对眼的小相公了，而是统御天下两百诸侯，坐镇江户的幕府第二代征夷大将军——德川秀忠。

"国千代，你敢对着你主公竹千代的居所放枪，真是大逆不道，你给我记住，竹千代和你虽然名为兄弟，但实际上却是君臣，两者之间，如天堑地壕不可跨越，你可明白？"

国千代连连点头，小脸蛋上挂满了泪珠。

或许有人会觉得很奇怪，因为在家康活着的时候，秀忠对于两个儿子谁来继承德川家一事的态度，虽说并没有更为偏向国千代的明显证据，但至少是暧昧的。他愿意承认竹千代在德川家的唯一继承人地位，也多少是德川家康威逼的结果。

但现在，秀忠的态度却跟之前截然不同了起来，以一副比当年他爹家康更为强硬的态度来对待这个问题，只用一招，就把阿江的那颗翻天之心给拍死了。这又是为何？

一般普遍的认为是觉得秀忠是孝子，是一个一心执行父亲家康遗命的孝子，他不敢违背父亲的遗训，认定了竹千代才是德川家真正的继承人，所以才会对原本宠爱有加的次子国千代大发雷霆。这种观点在很多书上都有体现。

但实际上秀忠绝对不是这种乖宝宝，他后来把他爹定下的《武家诸法度》等三部根本大法都做了很大的改动，此外家康留下的不少政策也都是经他之手给废除的。从这些方面来看，说秀忠是因为听话孝顺而对着儿子大呼小叫，多半是不靠谱的。

其实，促使秀忠发生这种根本性变化的原因也很简单，那就是责任感。

德川秀忠是一个温厚善良的人，这没错，但温厚善良并非是跟懦弱胆小画等号的词儿。秀忠在温厚善良的同时，也是一个有主见有智慧的人。

他很明白德川家的继承人应该是谁，也很明白阿江特地弄来煮鸭子的目的是什么，更明白若是由着阿江的意思废长立幼那么德川家的下场是什么。

而且他不是第一天明白，而是从来都明白。

当年不曾明确表态是因为老头子还活着，有什么事情老头子扛着就行，犯不着自己出来冲锋陷阵，自己只要做一个尽量一碗水端平的好爸爸就行。

现在老头子走了，只剩下自己了，那么，就意味着好爸爸的生涯该结束了。

如果说相对于竹千代，国千代是家臣的话，那么相对于德川秀忠，竹千代和国千代都是家臣。

君君臣臣父父子子。

要想守护幕府，则必须要维护这最基本的三纲五常，无论用多严厉的方法都不能手软。

因为这是征夷大将军德川秀忠的责任。

第三章 君臣天命

元和三年（1617年）的下半年，注定是一个多事之秋。我指的是江户城内。

这边国千代刚刚捅下一个娄子，那边的竹千代也是状况不断，而且还是惊天的大状况。

在这一年十一月的时候，阿江很惊奇地发现，自己的侍女一个叫小五的，小腹突然就微微地隆了起来，作为一个经验丰富的过来人，她当然明白发生了什么，于是便把小五叫过去，只问了一个问题：肚子里孩子的爹，是谁。

其实不问也知道，这偌大的江户城里还能有谁能让姑娘怀孩子的？当然就是德川秀忠了。

正当阿江的醋瓶子又要再度打翻，准备哭天抢地闹腾的时候，小五的答案却让她惊得浑身发麻，连动弹都动弹不得。

小五告诉阿江，她肚子里的那个孩子的亲爹，不是别人，正是竹千代少爷。

阿江一开始没信，毕竟竹千代当年才十三四岁。

但很快她又将信将疑起来，毕竟竹千代都已经十三四了，而且小五也是经常伺候少主的丫鬟。

所以她打算先让被害人说说被害经过，然后再做判断。

被害经过比较简单，小五某天晚上睡觉的时候，被一个潜入屋内的犯罪分子给强行那个啥了，然后一发中标，有了身孕。

"你看清脸了？"阿江连忙追问。

小五摇了摇头，表示脸虽然没看清，但因为自己曾经伺候少主多年，所以对他的身形非常熟悉，可以基本判定，那是少主。

看着阿江略带疑惑的表情，小五连忙又说道，自己并非是没看清对方的脸，而是根本看不清，因为事发当晚，那个人的脸上戴着般若面具。

于是阿江又是一惊：原来是这小子！

偷看侍女洗澡，深夜去酒馆要酒喝，原来都是自己那宝贝儿子干的好事啊。

其实想想也就明白了，这偌大的江户城，里面住的男人屈指可数，自己老公秀忠好歹也是幕府将军，虽说惧内，可真要看上了哪个女孩，哪用得着深夜戴鬼脸去行那苟且之事？而且还是强行的；国千代，才多大的孩子？男女之间的区别估计都没分清楚；剩下的，就只有那刚刚步入青春期的竹千代了。

对，一定是这小子。

在脑海中迅速将事情给整明白了的阿江气得浑身发抖。

再怎么说这也是自己的儿子，十月怀胎的亲骨肉，作为一个母亲，有这种反应是很自然的。

"把阿福给我叫来。"

少主犯错，姑且不论其罪，身负教导监护责任的乳母，肯定是脱不了干系的。

所以当阿福出现之后，阿江立刻让小五再把刚才的说辞一字不变地重复了一遍，然后问道，你可知罪？

阿福说小五又没看清脸，凭什么就把屎盆子往竹千代身上扣？

阿江说就算没看清脸，看身形也就能知道个大概了，而且，这江户城里，除了竹千代之外，还有谁会干这种事情？

阿福说谁知道是不是小五勾搭上了年轻的武士然后半夜潜入城中私会？这又不是什么新鲜事儿，您干吗老盯着自己的亲生儿子不放呢？这是什么用心哪？

当时江户城内，尤其是后宫的风气其实是比较糜烂的，很多侍女耐不住寂寞，都会跟值夜班的武士或是城外的相好私通，有时候怀孕了，便私自堕胎，影响非常恶劣。

于是小五一听这话就忍不住了，表示自己肚子里的骨肉真的是竹千代少爷的，真的是。

阿福则立刻高声骂道闭嘴你个贱人，你肚子里的种是谁的你自己清楚，你在这里扯谎陷害少主的动机是什么你也清楚，识相的就赶紧闭嘴，别在老娘跟前耍小聪明。

几个回合下来，阿江理屈词穷自知不是对手，于是只能放了狠话："我会立刻着人调查此事，很快便能真相大白，在此我想问你一句，如果真的是竹千代干的，你打算如何负责？"

"我愿意以死谢罪。"阿福郑重其事地说道。

阿江点着头说算你狠，你别忘了自己说过的话。

两人再度不欢而散，阿江回去开始安排调查事宜，而阿福则直接去了天海那儿。

其实她从一开始就明白，这事儿到底是谁干的。

阿福告诉老和尚，竹千代出事了，深夜闯入只有将军大人才能去的江户城大奥，强推夫人的贴身侍女，现在虽然没有直接证据，但以阿江的手段，想要查个水落石出也不过是时间问题，可真要到了那个时候，自己赔上一条命倒是无所谓，关键是竹千代的继承人地位很有可能也随之动摇，甚至产生某种变故，毕竟做了这种事情，绝不是写一份检讨或是拉出去打一顿板子再关几天禁闭能解决的。

这可是淫乱后宫啊，自古以来无论中外，都是帝王家的大忌。

天海听完之后，点了点头，表示老衲知道了。

接着，天海便闭紧了双眼，开始打坐沉思。

过了一会儿，他又睁开了眼睛，长叹一声，表示事到如今，老衲也没辙了，除非……

除非什么？阿福连忙问道。

"除非有人愿意替死。"

天海的对策是这样的：反正当时竹千代戴着面具的，换言之并没有任何人看到过他的真面目，那么，只要找一个跟这小子年龄身形差不多的家伙，自称是犯事之人然后拿出去顶缸，这事情就算结了。

于是这下便轮到阿福闭目沉思了，虽说这方法确实不错，可眼下却有一个很大的问题：找谁来当这个替死鬼？

"从小姓中选一个吧。"天海说道。

但阿福仍然没有睁眼。

竹千代身边的小姓们和竹千代一样，都是由阿福带着长大的，从本质上而言，他们和阿福自己的孩子没有差别。所以她根本就想不出，到底该让谁去代替竹千代。

这天夜里，阿福将所有小姓都召集在了跟前，将事情的经过从头到尾说了一遍，然后非常直截了当地问道："谁愿意替少主顶罪？"

没人回答。

因为谁都知道这罪一旦顶下来，自己会是什么下场。

阿福的脸上浮出一丝苦笑。

"千熊，你来吧。"

她的声音非常低，也非常无奈。

稻叶千熊没有反抗，低下头来正要说一声"小的愿去"之类的话，突然就站出来一个人："请交给在下吧！"

此人名叫伊丹权六，是小姓之一，和竹千代同岁。

"权六，你知道此去的后果吗？"阿福直视着这孩子的双眼问道。

"为主尽忠，乃是武士最大的光荣。"

阿福闭上了双眼，良久，猛地点了点头。

深夜，一个黑影突然闯入大奥，只见他戴着般若面具，手里挥舞着短刀，怪叫着横冲直撞地就进了小五的那间屋子。

随后，他扑在了小五的身上。

因为动静太大加之连日来大奥的警备在阿江夫人的指挥下得到了加强，所以很快这戴鬼脸的哥们儿就被冲上来的人给团团围住，然后束手就擒。

就在众人嘴里骂骂咧咧你小子还敢再来并且怀着一颗充满着对竹千代小脸期待万分的心扯去那张般若面具后，都惊呆了。

因为他们看到的是伊丹权六。

小五还惊讶地来了一句："伊丹殿下，怎么是你？！"

事件就此尘埃落定，我们直接来简单说一说结局。

伊丹权六，身为少主身边贴身侍卫，不思尽忠报国，反而手持凶器淫乱后宫，实乃罪大恶极，无可赦免，故，判其磔杀，立即执行。

对此，伊丹权六连一句辩解都没有，就这么被拖去了刑场。

倒是另一位罪人小五，哭得那叫一个惊天地泣鬼神，她因为污蔑少主，所以也被判了个开刀问斩，连同腹中的那个孩子，一起去了黄泉。

在伊丹权六被五花大绑送上不归路的时候，还有一个人也哭了，那就是竹千代。

小少爷不光哭，还闹，拿着佩刀嚷嚷着就要去劫法场。任谁都劝拦不住。

"权六犯了什么罪？你们说啊！深夜跑去小五房间的是老子我，出了事情让家臣背黑锅，这简直就是主君的耻辱！"

"所谓家臣，就是该这样为主君分忧的。"松平长四郎一边跪在地上一边用手拼命挡住竹千代就要向前冲的身子说道。

而稻叶千熊也赶紧用双手从后面架住自家少爷，一时间竹千代动弹不得，其他小姓则连忙跑出门外，把阿福给叫了过来。

"你要干什么？"闻讯而来的阿福示意长四郎和千熊撒手，然后非常平静地问竹千代道。

"我要去父亲大人那里，将事情的原委全部说出来，把权六给救出来！"

"少主是想辜负权六的忠心吗？"

"正因为我不想辜负他的忠心，所以才要去救他！"

"你这样根本救不出他来，反而还会获罪，甚至连继承人的地位都将不保，即便如此，你还是要去吗？"

"连自己家臣都保护不了，还当什么狗屁将军啊！"

啪！

阿福以令人始料不及的速度冲到了竹千代的跟前，随后扬手便是一个耳光。

这是实实在在的一巴掌，以至于猝不及防的竹千代被打得摔倒在了地上。

"少主如果真的不愿意辜负家臣的一片忠心，那么就请记住，以后再也不要做这样的事情了。"

"还有，希望少主能够永远记得自己刚才说过的话，永远。"

就这样，伊丹权六死了。

因为此事的发生，使得幕府方面开始重新审视大奥的各种制度，最终在第二年（1618年）定下了一条铁规矩：江户城内大奥，不允许除了将军之外的任何男性进入。

元和四年（1618年）正月刚过，江户城便迎来了一位罕见的客人——德川秀忠的六弟，松平忠辉。

他是来辞行的。

就在过年时候，已经被发配到伊势（三重县内）待命的松平忠辉接到了最新的处分命令：去飞驒国（岐阜县内）的高山藩，不是当藩主，而是关禁闭。

同时，由高山藩藩主金森重赖负责监督看管。

禁闭的由头依然还是之前说过的那几条：信洋教，大阪之战结束后装病游船河，还有就是在大阪之战的时候，曾经斩杀过德川秀忠的直系下属一名，等等。

对此，松平忠辉没有做出任何反驳，只是希望能够最后再见一次自己的兄长。

秀忠答应了。

兄弟两人在屋里对视良久，最终还是忠辉先开了口，说兄长近来可好。

秀忠点了点头。

于是两人又开始对眼了。

结果还是忠辉再次打破了沉默："兄长，你很难过吗？"

秀忠没有回答。

忠辉笑了："兄长，你不必难过，你是对的。"

"忠辉……"

"嗯？"

"自己保重。"

松平忠辉走了。

八年后（1626年），他又被移送到了信浓国的诹访（长野县），当然，还是跟从前一样，过着那种名为关禁闭反省实际上就是被囚禁的生活，并且一直到死。

自古以来，无论是中国还是日本，虽说明文上规定着王子犯法与庶民同罪，但实际上，两个国家都存在着一种叫作"刑不上大夫"的潜规则。

这种规则是好是坏，在此我们不作深究，但有一点可以肯定，那就是特权阶级的特权待遇，会让没有特权的人感到不爽，如果这种事情发生在一个政权的草创期，那么是有百害而无一利的。

相对的,当拥有特权的人被最高层无视特权并给予了重罚,那么那些没有特权的人,便会感到快意。

这就是为什么古往今来皇帝微服私访除贪官杀恶霸的系列题材百拍不厌,中国有康熙乾隆,日本则有水户黄门——此人我们后面会说。

当时的德川幕府创立不过十五六年,而距离消灭丰臣家,完成名义上的天下一统更是只有两三年,可以说是一个不折不扣的新生政权,更何况德川家康刚刚去世,德川秀忠又是以性格比较软而闻名天下的二世祖,如果在这个时候能发一把威,把自己的至亲弟给办了,那么对于其他一些心怀不轨或者说心中怀有对二代将军不屑之情的大名而言,铁定是能起到威慑作用的。

连亲弟弟都那么手下不留情,真要轮着自己了,还不更往死里整?

这是幕府专用棋子、打人石头松平忠辉最后一次被派上用场了。

虽说的确是体现了"王子犯法与庶民同罪"这一精神,但实际上忠辉并没有"罪"。

他信洋教的证据至今都不曾找到过,只不过是对海外贸易表示过感兴趣罢了。装病游山玩水,或许能算一条,但怎么着也不至于要送去关一辈子禁闭吧?

至于斩杀秀忠的下属,事情虽然是真的发生过,但真实的情况其实是这样的:当时忠辉的行列正在进行中,结果那位武士带着自己的队伍像没事儿人一般地从后面超越前行,这在那会儿属于严重违纪行为,按惯例是就地正法,也就是说,忠辉其实做的没错。

再想想结城秀康拿铁炮杀人的事儿吧,忠辉跟他比,简直就是浮云了。

说白了,就是拉一个人出来杀鸡给猴看。

或许确切的说法应该是杀凤凰给猴看?

手里拿着菜刀的德川秀忠,或许比松平忠辉更加痛苦。

毕竟这是一个连陌生女孩子的心都不愿意去伤害的男人,叫他把自己无罪的亲兄弟给判个无期徒刑,他又怎么会心甘情愿。

"但凡居于上位者,都必须要在自己的心中,藏有一匹恶鬼。"

只能说,秀忠的心中,已经有了家康所期待的那一匹恶鬼。

天和三年(1683年)七月三日,松平忠辉去世,享年92岁。

这个被扫地出门的弃儿居然是德川家族至今四百多年历史中寿命最长的直系成员,这不得不说是一种莫大的讽刺。同时也从侧面反映了松平忠辉其实并非如很多专家学者说的那样计较功名,一心只想着和兄弟攀比,因为一个过分注重这种身外之物的人,是不可能活那么长,也不可能忍受如此漫漫长年的孤独寂寞。

虽有年少轻狂时,终究却是豁达人。

昭和五十九年(1984年)七月三日,恰逢松平忠辉的第三百个忌日,德川家第十八代当主(也是现任当主)德川恒孝公开宣布,赦免松平忠辉一切罪名。

这种行为当即就遭到了来自各方的批判,比如历史学家儿玉幸多就表示,从后世改变历史决定,是毫不可取的。

对此,德川恒孝表示虚心接受,但并没有更改之前的决定。

或许就连德川宗家,也觉得对于这个一生都被作为筹码反复利用而换来德川家安泰的家人,实在是亏欠太多了吧。

松平忠辉的流放,虽说让远在仙台的伊达政宗感到心头一颤,但很快又恢复了平静。因为他知道幕府这么做的用意,同时也知道,秀忠已经不再会像从前家康那样,借着忠辉的事儿来敲打自己了。

处理松平忠辉,是为了提升幕府的威严,维护幕府的统治,这个我们前面已经说过,但是,提升幕府的威严,维护幕府的统治,光靠处理一个松平忠辉是远远不够的。这一点,德川秀忠心里十分明白,所以,他很快就把目光对准了下一个目标。

第四章 宇都宫城钓天井

元和五年（1619年）四月下旬，以土井利胜为首的使节团造访了安艺国（广岛县）的广岛城，指名要求城主福岛正则出来接受问话。

福岛正则倒是一副君子坦荡荡的模样，问土井利胜："你有啥事儿？"

"听说福岛大人今年年初时分，将广岛城改建一新，可有此事？"

正则点点头："不错，正有此事。"

"你可知这是违背《武家诸法度》的行为？"土井利胜表情非常严肃，"你未经幕府许可，擅自改建城池，这是为何？"

福岛正则一听这话就炸锅了，站起身子非常激动地表示，自己尽管改建城池是真，可却从来都不是"擅自"改建，而是的确得到了幕府方面的许可，你小子血口喷人，没事找事。

土井利胜则很淡定地问道你得到幕府哪位大人的许可了？

"本多正纯。"福岛正则说道，"去年因为我广岛台风暴雨，导致城池损毁严重，所以我特地写了申请书给本多正纯大人，要求修缮居城，他也确实答复说将军大人已经同意了，你若有任何疑问，可以找他问去！"

尽管正则说得唾沫横飞奋亢异常，但土井利胜听完之后，却依然淡定地表示，虽然我不知道你说的是真是假，但有一点我想提醒你，你刚才提到的那位本多正纯大人啊，他很久以前就不管你们诸侯修城铺路这档子事儿了，现如今，对于诸侯各藩的审查，都归我土井利胜管，所以，我现在代表幕府问你，你为何要擅自修建城池？

福岛正则看着对方，一句话也说不出来。

他当然说不出话来，这就等于小时候的你某天上午把作业本给了课代表，可下午老师就气势汹汹地跑来问你为什么没交作业，还告诉你那个课代表已经被撤职了，现在也不在学校里，你要拿不出作业就给你退学处分。

你能怎么办？更何况幕府要比老师丧尽天良得多。

所以心知被摆了一道的福岛正则此时也不得不认怂服软，问土井利胜你说该怎么办。

土井利胜立刻提出三点要求：第一，年初广岛城扩建部分，全部拆除，恢复原样；第二，立刻送儿子去江户城当人质，而且要嫡子；第三，给幕府写一封情真意切的忏悔书。

这位昔日的猛将如今已经是别无选择，只能俯首称是。

只不过土井利胜却连求饶的机会都没打算给他。

六月，幕府的使者再次造访广岛城，这回连福岛正则的话都没问，直接就宣布了将军的旨意：因广岛城城主福岛正则不经同意擅自修缮城池，且在幕府询问之后却依然不思悔改，既不送去人质也不写悔过书，故，幕府决定，剥夺其全部领地，以为处分。不过，因念及其为幕府效忠多年，故特例法外开恩，赏赐越后国（新泻县）鱼沼郡四万五千石领地，以作度日之用。

四月下旬到六月，总共也就一个多月的时间，人质从广岛走到江户都未必来得及。

这就好比你老师某天给了你一堆作业，命令你"尽快"做完，如果不做完，就让你退学。然而上午你才把作业拿到手，下午老师就来收"阎王账"了，一看你居然还没写完，二话不说便勒令你退学。

你说你该怎么办？

你不知道是吧？福岛正则他也不知道。

就这样，一代猛将退出了历史舞台，而且还是以一种极为屄的方式。

这也是没辙，因为自打丰臣家灭亡，是个明眼人就能看出，福岛家是必然不会长存的，何时被处理，不过是时间问题罢了。

据说德川家康在世时就曾经嘱咐过秀忠，要务必将福岛正则给抹杀了，此事虽说不知真伪，但站在德川秀忠的角度上来看的话，其实福岛家也的确是消失了要比存在着好。

首先福岛正则是个刺儿头，此人从来都是胆大妄为，什么话都敢说，也基本上什么事都敢做，留他在广岛坐拥几十万石的领地，那等于是放了一桶巨大的火药，随时都可能引发大爆炸。

其次，在眼下驰骋战国的风云人物绝大多数都已经死光了的这个年头，福岛正则确实已经成为了日本屈指可数的能征善战之辈，留着他，本身就是一种后患。

如果说除去松平忠辉是在告诉天下，无论是和将军血缘多么亲近的人，只要违背幕府制定的法规，照样会被依法处理；那么改易福岛正则便是告诉各路诸侯：不管你多么厉害多么能打，只要敢逆了幕府的意思，一样办你。

现在摆在眼前的问题是：继松平忠辉和福岛正则之后，会不会有第三个大名被幕府当作踏脚石给折腾得完了蛋？

答案是会。

那么，第三个倒霉蛋会是谁？

我想你多半应该也猜出来了，那便是本多正纯。

其实当时几乎所有的人都在觉得，本多正纯快要完蛋了，不管这小子怎么努力，最多只能延缓，却绝无可能阻挡这最终的悲催结局。

唯一还值得推敲玩味的，是啥时候完蛋以及怎样完蛋。

大伙都在暗自议论，说希望本多正纯那家伙能够有点骨气，至少要高洁华丽地走完最后一步，像战场上的武士那样，漂漂亮亮地滚出政坛。

事实上正纯本人自己也隐隐约约地感到一点风声了，毕竟自打家康去世，他不光权力被土井利胜步步蚕食，而且在开会的时候，自己提出的建议每每只要跟利胜不同，那秀忠八成以上都会采用对方而置自己于不顾。

但他却丝毫没有任何慌乱，每天该吃的吃，该喝的喝，仿佛要即将厄运临头的不是他，而是隔壁老王。

更加要命的是，在福岛正则被改易之后，为了表彰本多正纯多年来服务幕府的功劳，德川秀忠特地表示要将宇都宫藩（栃木县）十五万五千石的领地赏赐与他。

结果正纯想都没想就谢主隆恩了。

这事儿不得不说相当糟糕。

首先，违背了正纯他爹正信的遗训：领地无论如何都不能超过五万石。

如果说之前的那五万三千石还勉强能算是一发擦边球，处于违背与不违背之间，可以让人心怀侥幸地收入囊中的话，那么现在的这十五万五千石则是完全违规，也别再扯什么超过不超过，都已然翻几番了。

其次，这领地的来历非常凶险。

宇都宫藩并非无主之土，那里的藩主名叫奥平忠昌，是当年长筱会战中大出风头，娶了德川家康长女龟姬的那个奥平信昌的孙子。虽说信昌早在庆长二十年（1615年）的时候便已经过世，但龟姬却依然健在，老太太这一年六十出头，身体硬朗头脑清晰，能分五谷，能勤四体。

而藩主奥平忠昌，当年14岁，虽说在今天看来还纯属少年儿童，但在那个时代，已经是一个能讨老婆再生娃的年龄了。

结果没想到的是，幕府将军德川秀忠，居然以年龄原因，剥夺了奥平家在宇都宫的领地。

秀忠原话的大意是这样的：因为宇都宫靠近东照大权现灵宫所在的日光山，属国家级战略要地，奥平信昌因过于年幼实在无法担此大任，故而现在决定将其转封至他处，宇都宫藩则交给才智与经验兼备的本多正纯大人。

于是龟姬出离愤怒了。她先是写了数封言辞激烈的信送给秀忠，要他给自己一个说法，在没有得到有效回音之后，又嚷嚷着要亲赴江户城，主动为孙子讨一个说法。

虽说家康老爷子儿女众多，但龟姬的地位却非常特殊。她是筑山殿唯一的女儿，换言之就是德川家康唯一的嫡女，事实上在德川信康死去之后，龟姬的老公奥平信昌也确实是被家康当作儿子来看待，甚至有说法称曾经家康把秀忠和信昌叫到跟前，要他们好好相处，彼此之间都把对方当兄弟。

现在兄弟的家业就这么莫名其妙地说没就没了，你让当大姐的情何以堪。

但龟姬毕竟是龟姬，是德川秀忠的大姐，纵然有千般幽怨，也不会真的去恨自己弟弟，更何况她也不敢。

能恨也敢恨的，唯有那个坦然接纳了宇都宫藩十五万石领地的本多正纯。

而且这时候又起了一个传闻，说是这次将军之所以要剥夺奥平家的领地，完全是因为正纯看中了风水宝地宇都宫，从而在背后扇阴风点鬼火后的结果。

除龟姬之外，很多幕府中的一些跟奥平家交好以及看本多家不爽的重臣也愤愤不平，各自站出来或明或暗地说着各种怨言。和龟姬不会恨秀忠同理，对于那些家臣而言，恨将军这种事情肯定是不敢想也不敢做的，于是矛头便又被指向了那个横刀夺爱的某某某。

本多正纯是个聪明人。

就智商而言，这家伙跟武田胜赖、真田幸村以及打仗时候的德川秀忠等一票货色全然不能相提并论，不然就是在侮辱他，同时也在侮辱他爹本多正信。

事到如今，幕府出手如此大方而且还是横刀夺爱地大方，已经让是个明眼人都能看出是一个陷阱了——先让你树大招风，再让你风吹树折。

以正纯的那颗聪明的脑袋，是不会看不出这点的，同时以他的处事方式，也不会在此时此刻去纠结那些个"不想超过亲爹的儿子不是好儿子"式的歪理，但是他却依然接受了一切赏赐，然后继续回去过着原先的小日子。

当时的幕府各重臣普遍觉得，这几乎是一个能载入教科书的完美的聪明一世糊涂一时的经典案例。

面对龟姬一次次的愤怒控诉和其他打抱不平的重臣，德川秀忠永远都只有一种反应——没有反应，他既没有对那些人的不满表示反感，却也不准备把宇都宫领地还给奥平家或是再弄一块别的土地来替换。

总之，没有人知道这位将军大人想干吗。

而另一方面，本多正纯在得到宇都宫后，立刻向幕府申请要求修缮城池，在得到许可之后，马上安排人手展开大修，同时，他又对宇都宫内的军备进行了大规模的整顿训练。

这一切都是战略要求——以宇都宫为支撑点，防御日光山。

对此，德川秀忠表示了赞赏。

元和八年（1622年）四月，正值德川家康去世七周年纪念日的临近，德川秀忠决定行一回孝——亲自走一趟日光山，拜祭先父在天之灵。

在那个没有丰田和JR（日本铁路）的时代，从江户到日光，通常需要花上一天的时间，再加上将军出行肯定是琐事多多，自然也就需要更长的时间。

这就衍生出了一个问题，那便是住宿。

根据安排，秀忠在路途上的来回总共需要为四天三夜，下榻的地点都是沿途谱代重臣的居城。然后，在他回来的时候，将会入住本多正纯的宇都宫城。

这对于正纯而言当然是莫大的荣耀，所以他在收到命令之后立即便让手下各家臣将城池里里外外地都仔细打扫检查一遍，准备迎接将军的到来。

四月十七日，德川秀忠在日光东照宫完成参拜，启程回家。

十九日，重臣井上正就先行驾到，对宇都宫城进行了视察，在确认没有任何问题之后，对正纯表示，将军大人拟定于明天到达，请你做好准备。

二十日，宇都宫上下士气高涨，人人面带微笑，静候将军的大驾光临。

二十一日，宇都宫上下士气高涨，人人面带微笑，静候将军的大驾光临。

二十二日，本多正纯收到消息，说德川秀忠已经抵达江户了。

没有赏脸宇都宫的原因据说是阿江夫人突然染病，所以便不再停留而是快速回家了。

因为这是一个非常合情合理的说法，所以一时间没有任何人对此产生任何疑问。

这年八月，在出羽国（山形县）发生了一件大事。

位于那里的最上藩发生了内部斗争，据说藩主最上义俊是个非常不着调的昏庸之主，整天不是四处游荡就是饮酒作乐，从来不干正事儿，于是就被没收领地然后改易了。

最上义俊到底是不是个昏庸大名这个其实也没必要细究，反正幕府说你昏你就是两千瓦的小太阳也得顿时黯淡至两三瓦。

这里唯独值得一提的是，最上家跟伊达家是亲戚，伊达政宗的母亲就是最上家的女儿。而这次横遭剥夺领地的最上义俊若是按辈分来算，还应该叫政宗一声表舅来着。

当然，此事跟倒霉孩子伊达政宗并无一毛钱的关系，纯粹是最上家真的闹腾得太厉害，以至于幕府才不得不出手干涉。

负责处理此次事务的主要官员是本多正纯，其实他也没什么太大的工作量，因为改易一事已成定局，正纯要做的只有一些书面交接，剩下的具体事宜，交给底下人去办即可。

正纯八月出发，用了一个多月完成任务。十月一日那天，他回到了宇都宫。

在那里，已经有一个人等候多时了。

那人的名字叫伊丹康胜，当时主要负责幕府的经济事务，具体主管佐渡金山的矿产。

双方打过招呼之后，伊丹康胜还没来得及喝一口茶，便直接切入主题，表示自己是奉命前来。

接着，他从怀里摸出了一张纸，交给了本多正纯："你看看吧。"

那张纸开头写着赫然的四个大字——十大罪状。

上面写了包括擅自修筑宇都宫城，擅自整顿军备等关于本多正纯的十条罪状。

本多正纯逐字逐句地看完之后，又将纸还了回去，脸部表情非常平静："伊丹大人，在下看完了。"

"那你有什么要说的么？"

"纸上所写，皆是子虚乌有。"

"难道你想说幕府在诬陷你？"

"并无此意，但这十条所谓罪状，在下绝不敢认。"

接下来两人便进入了一问一答时间。

伊丹康胜按照纸上的罪状逐条盘问，而本多正纯则逐条回答。

每一条，他都能做出几乎完美的答复，比如修筑城池，是经过幕府许可而绝非擅专；整理军备，虽没有上报，但规模程度也在律法条文的允许范围之内，并无半点违背，等等。

结果就是直到十条罪状全部问完，伊丹康胜也没能问出个所以然来。

而本多正纯的面容，则从始到终都不曾有过一丝一毫的变化。

本来以为事情到此就能告一段落了，可没想到伊丹康胜却根本就没有这样的意思。

他从怀里又摸出了一张纸。

"本多大人，现在我们来聊聊你意图暗杀将军的事情吧！"

本多正纯那一成不变的面孔上掠过了一抹惊诧："暗杀……将军大人？"

"正是。"伊丹康胜很认真地点了点头，接着，开始铿锵有力地朗读起了纸里的内容。

本多正纯这才明白了所谓"暗杀将军"到底是怎么一回事。

这事儿还得从四月的时候说起。

话说当时秀忠之所以没有在宇都宫过夜，其实并非是因为阿江生病了，那不过是个借口，真正的原因是井上正就在视察完宇都宫城之后回来跟他说，那城池里暗藏杀机，进去不得。

于是德川秀忠的反应自然是先大吃了一惊然后问道怎么个暗藏杀机法。

一听这话，井上正就便一脸神秘地娓娓道了起来，说这宇都宫城哪，看起来跟别的城池没什么两样，实际上这外表只是假象，那本多正纯，早就请了高人，把整座城的内部结构都改造过了，堪称是最强杀人凶器。

看着井上正就说得眉飞色舞唾沫星子四溅但就是说不到点儿上，秀忠有些不耐烦，催促着让他说点实在的，比如这杀人凶器到底如何杀人。

井上正就神秘一笑，说，这本多正纯在城池的屋顶上动了手脚，让人打造了一个活动天花板，当将军您晚上住进去的时候，这天花板就哗啦一下掉下来，把将军您给活活拍死。要是万一您没有被一击必杀，那也不打紧，因为本多正纯早就准备好了第二道机关，那就是在天花板的上方，还埋好了几十把利刃，当天花板压下来的时候，这些刀子也会随之掉下，刺穿您的身体。

日本的机关工艺，长期以来一直处于世界领先水平，即便是在古代亦是如此。

所以虽然井上正就说的这个事儿听起来实在相当不靠谱，但德川秀忠却也没有不信。

相反，他还若有所思地点了点头："原来是这样啊，那么我们就不住宇都宫了吧，等回了江户，让人准备一下，去问问正纯，到底是怎么回事。"

就这样，在数月之后，伊丹康胜来到了宇都宫，正式对此事展开问责。

面对如此惊天地泣鬼神的指控，纵然是本多正纯也有些hold（招架）不住了，他的额头微微渗出了一丝汗珠："那么……请问证据何在？"

"证据自然早已被你销毁。"伊丹康胜仿佛亲眼看见了一般，器宇轩昂地说道。

"……"

问话到此结束，伊丹大人起身告辞。

当月，本多正纯被通知剥夺全部领地，并要求其在交接期间闭门反省。

罪名是涉嫌企图拍死将军，史称宇都宫城钓天井事件。

天井在日语中的意思就是天花板。钓天井就是活动天花板。

于是本多正纯就这么被干掉了，本多派正式宣告覆灭。

这等于是在告诉全日本的诸侯：不管你是将军家的哪个亲戚，不管你多么厉害，不管你爹是谁，也不管你在幕府中的势力有多大，只要幕府想干掉你，那么随随便便都能找一个借口把你做掉，哪怕这个借口低级趣味到了极点也无所谓。

所以，要想在这个世道上混下去，那么你能做的有且只有一条：那就是紧跟幕府，随时紧跟幕府，无时无刻不紧跟幕府。绷紧神经高度紧张地活着吧，别以为大名是那么好当的。

实际上，本多正纯未必不知道自己被赶出幕府之后所产生的上述效应，或者说，正是因为知道自己的政治生命已经走到尽头外加自己下台能够对幕府起到维护稳定的作用，他才仿佛找死一般地步步配合幕府的动向，接下了那一份他爹临走前千叮咛万嘱咐打死都不能要的十五万五千石领地。

并非是我要为他唱赞歌，事实上，据那些当事者们回忆，当本多正纯收到幕府下达的处分通知后，他的态度只有两个字可以形容，那便是"坦然"。

没有任何怨怼，没有一丝抵抗，非常坦然地接受了自己最后的命运，

虽说正纯的政治生涯是以一种近乎搞笑的不着四六的方式给终结的，但个人觉得，在这一分滑稽中，却也依然透着一股悲壮的华美。

如果说罢黜本多正纯算得上是出乎意料却又情理之中，那么紧接着秀忠要做的，则是真真正正任谁都不曾想到的惊天大事儿。

第五章 三代将军德川家光

元和九年（1623年）正月，面对前来拜年的众家臣，在宴会上喝得面红耳赤心情豪爽的德川秀忠透露出了一个让大伙大吃一惊的消息。

他表示自己准备在年内隐退，将军之位将传给长子竹千代。

此时的竹千代芳龄18，早在三年前（1620年）便已经元服，还改了个名字叫德川家光。

关于这个名字，尤其是那个"光"字的由头，历来是众说纷纭。

一般认为是取自于日本一代著名武士新罗三郎源义光的名字，传说此人乃是德川家康最崇拜的历史人物之一，同时这个新罗三郎也是武田信玄的祖先。

这似乎相当合情合理，因为用自己的偶像来给子孙命名的情况本来就非常常见。可若是仔细推敲的话，就会发现其实相当站不住脚。

新罗三郎是德川家康的偶像，这没错，可他并不是德川秀忠的偶像。

家光的名字是在家康死后数年，由秀忠亲自给命名的，说实话跟新罗三郎没甚干系。

你真要扯着说那是源义光的光，还不如说是光源氏的光呢。

其实这个问题放到今天已然成了千古之谜，只能是公婆各说各的理，但却很难真正地分出个黑白是非来。

如果让我说的话，个人倒是觉得，其实德川家光名字里的那个光字，很有可能取自于明智光秀的那个光。

这并非是一个类似不想当厨子的裁缝不是好司机式的冷笑话，我们到后面会详细说的。

此外，在改了名字之余，家光的性格也同时发生了巨大的转变，不再是以前的那个性情软弱只爱惹是生非的小男孩了，而是渐渐地长成了一个性格开朗，为人有些小豪放，知书达理还会些刀枪拳脚的阳光青年。

显然，这主要得多亏了乳母阿福多年来无微不至地细心照料，无论是生理上还是精神上她都尽心尽力地将家光视如己出地照顾培养。通过这种如春天般的温暖教育，才让那个性格扭曲的缺爱小男孩变得稍稍正常了一些。

然而，除阿福之外，还有一个人的存在，也对家光的成长起到了重要的作用。

他便是德川家康最小的儿子，家光的叔叔，松平赖房。

话说家康临去世前，曾嘱咐秀忠，要让赖房和竹千代一起长大，这其中的一个原因，是因为赖房尚且年幼，希望身为兄长的秀忠能够照看着点；而另一方面，则是由于家康认为，赖房本身的性格，能够对自己那个性格懦弱还扭曲的孙子的成长，起到很大的帮助作用。

我们经常能够在漫画或是电视剧里看到这样的桥段：当一个出身优良、性格文弱、毫不起眼的苹果头四眼小男生，某天碰到了一个天不怕地不怕，戴着墨镜或是叼着棒棒糖的不良少年的时候，他的性格或者说是人格，便会开始发生巨大的转变——比如变得比从前强大了啦，比如找到了人生的真谛了啦，比如明白了人为什么要活着了啦，比如交到了朋友了啦，等等。总之，都是一些能够让人比较喜闻乐见的变化。

毫无疑问，德川家光就是那个苹果头小四眼，而松平赖房，则是一个名震整个江户城的不良少年。

此人一辈子都活得随心所欲，其豪放程度直逼当年的外星人织田信长。

曾经有一次,德川家康带着三个最小的儿子义直、赖宣和赖房一起来到了江户城天守阁的最高层向远眺望。看着看着,老头子突发奇想地问道:"你们几个,谁敢从这里跳下去?"

江户城的天守阁我们前面说过,高度将近50米,从那地方往下蹲的后果只要不是智障一般都清楚。

所以几个孩子都吓得连连后退,摇头摆手地表示这没病没灾的,干吗闲着跳楼玩?

德川家康想想似乎也是这么回事,正所谓无奖励不刺激,于是马上又补了一句:"如果谁敢往下跳,我就把幕府将军的位置让给他,他便是天下之主!"

但结果三个孩子还是没人挪步,毕竟都成了肉酱再当将军也就毫无意义了。

正当家康准备带着孩子们下楼吃点心的当儿,突然赖房横跨一步出列:"父亲大人,此话当真?"

老头子不知道他要干吗,但还是下意识地点了点头:"当真,如何?"

说话间,赖房已经一只脚跨上了天守阁的窗栏:"那么,我跳。"

要说家康不愧是久经沙场的宝刀未老之将,一看儿子上了墙,连忙以迅雷之速一把抓住赖房的袖子,再一把将他猛地扯了下来,然后大声呵斥道:"你小子,不要命了?"

赖房用很淡定的眼神看着家康,表示你不是说跳下去就让当将军吗?

看着眼前的这个傻儿子,家康叹了一口气:"你从这里跳下去,必死无疑,纵然给你当了将军又有何用?"

然而,让他怎么都没有想到的是,赖房虽然仍是和之前一样的一脸淡定,但口气却变得坚定异常:"身为武士,只要能够拥有天下之主之名,哪怕就是一瞬,也是值得用命来交换的。"

德川家康听后，一言不发，只是默默地点了点头。

那一年，赖房不过9岁。

其实这小子的胆大妄为早已不是一天两天，而且也从来都不只是仅限于口头上说说。

还有一次，也就在赖房10来岁的当儿，他和义直以及赖宣两个哥哥一块儿结伴在江户城的庭院里散步，也不知道是谁生性风骚，突然就招来了五六只野生的马蜂。

义直跟赖宣一看马蜂，吓得一声惊叫转头就走，而赖房却不慌不忙地迎风挺立，并且非常冷静地伸手把一只已经停在自己脸上的马蜂给拿了下来，再用力将其甩在地上。

整个过程中，赖房的神色没有一丝变化，脚步也不曾往后退缩半分。

消息传到家康那里，老头子深表赞许，认为这才是武士应有的勇气，于是便赐了赖房一把刀鞘由纯金打造的佩刀，并允许他随时随地地随身佩带。

这真是把老鼠送进了米缸里的一个举动。

自打得了这把黄金刀，赖房便真的是"随时随地"不管在哪里都随身挂着。而且本着好刀还要好衣配的这一原则，这哥们儿也不知从哪儿弄来了一套超级华丽的花花衣衫，整日里就是穿花衣戴金刀地在江户城里头晃悠，有时候还会做一些招猫逗狗调戏妹子的事情。

每每有人将这些个事儿通报家康的时候，他却从不在意，非但不在意，有时候还会哈哈一笑："这才像个男孩子嘛。以后有机会，让他跟竹千代一块儿玩吧。"

不是我说，这要是松平忠辉这么做，估计早被拖出去打屁股了。

反正在家康看来，如果孙子竹千代能够跟赖房一起长大，必然会弥补其本身性格上的一些缺失，从而成为一个比较理想的德川家继承人。

这就如同他童年的时候因为碰到了织田信长，所以竹千代才能成长为后来的德川家康。

当然上述的这句话仅仅是个人观点,并不能完全代表德川家康的想法。

而没有类似经历的德川秀忠则抱有一种将信将疑的态度,因为他本人其实并不相信一个孩子能够改变另一个孩子,可这怎么说也是自家老头子的意思,不管信不信,办总是要照办的。

直到那一天,竹千代和赖房第一次见面。

尽管是叔侄,但实际上竹千代应该能算得上是赖房的主君,故而赖房在会面的时候,非常毕恭毕敬地跪下弯腰行了个礼,然后说道:"今日……"

接着便没了下文。

其实他本来应该说的是:"今日在下得以拜会少主尊容,不甚喜悦之至。"

这是一句非常标准的,在江户时代普及率非常高的寒暄用语,多在参见大名或是将军的时候套用,一般的武门子弟通常在三四岁时就能被教得非常熟练,张嘴就来且相当顺溜。

但偏偏就是这个松平赖房给忘词儿了。

然而,犯了低级错误的他却一点也没有如其他孩子那般的紧张和不安,反而还在那里很淡定地念念有词地回忆:"今日……今日……今日……"

竹千代一脸惊愕,心里琢磨着这小子真是我叔叔吗?还真是个怪叔叔啊。

而一旁的秀忠则都已经有了一种跑上去提词儿的冲动了。

但赖房却全然不顾房间里的尴尬气氛,依然在那里今日今日地念叨。

突然,他眼睛一亮:"今日天气晴朗,少主,我们一去出去玩儿吧!"

秀忠顿时一脸黑线。

然而竹千代却也眼睛一亮,并浮现出了他爹从未见过的笑容。

"好啊。"

这是一种期待与兴奋相结合的笑容，其实也是一种只有普通孩子才会有的笑容。

而作为生来便是将军继承人的竹千代，如果不是碰上这么一个人和这么一档子事儿，他兴许一辈子都不会这么笑。

不要以为高高在上就一定会是一件好事，在很多时候，真正难能可贵的，往往是能够被人发自真心地平等对待。

当两人一起走出房门的时候，松平赖房的手，不知什么时候已经搭在了竹千代的肩膀上。

秀忠渐渐地开始相信，一个孩子，或许真的能改变另一个孩子。

事实上也确实如此，正如之前所说的那样，在和自己的小叔一起玩了之后，在德川家光身上，也的确产生了如前文描述般的变化。

当然，虽说是改变归改变，可自打这俩小子凑一块儿之后，坏人坏事也从来都不曾省着干过。

还记得前面曾经提到过的在半夜时分戴着般若面具闯进酒家要酒喝的那两个人么？

不错，一个是竹千代，而另一个，则是松平赖房。

同时，那个偷窥侍女洗澡事件里的两个般若面具小鬼，也正是这俩活宝。

此外，作为德川家的嫡传继承人，下一代的幕府将军，德川家光身上的不足之处还是很多的，而且有几样甚至堪称致命。

首先，他的身体依然不怎么好，很弱。虽说在阿福七色饭的照料下以及自身勤学武艺的锻炼下，健康状况较之从前有了很大的改善，但总体来说还是不容乐观，头疼脑热发烧感冒仍旧是常事儿。

这可真是相当要命，毕竟你身为将军如果是个病秧子的话，暂且不论怎样负担起大量的政务处理，万一你要某天一个不慎忽然没命英年早逝，那如何是好？

其次，在跟自己年龄相仿的亲小叔松平赖房的带领下，家光小哥依然保持着良好的夜生活习惯——隔三岔五地就会两人手拉着手上街夜游，喝个小酒打个小架什么的，已然成了江户城里一个一传十十传百尽人皆知的小秘密。

对此，家光身边的人普遍都表示了无限的担忧之情——虽说过个夜生活不是什么错，可你得知道你是下一代将军，万一哪天晚上走在街上碰到了劫道儿的，不光要钱还要命，你咋办咧？就凭你那弱弱的身子骨，还不当场就英勇牺牲了？

第三，乃是众多要命之处中最最要命的。

德川家光时年18岁，这个前面已经说了。这是一个在当时已经可以喜当爹的年龄了。

但家光别说生孩子了，身边连女人都没有一个。

原因是他不爱女人，爱男人。

这事儿说起来还得归咎于多年前的那桩小五事件。

话说当年，忠臣伊丹权六为少主背了黑锅，毅然决然地踏上刑场，被长枪活活戳死，这让年少的德川家光深受刺激。

那种眼睁睁地看着自己的同伴因自己而死可自己却又根本无法出手相救的无力感，伴随了他很长一段时间。以至于他在反复纠结中产生了一种非常微妙的心理障碍，那就是一看到女人，就会想到小五，一想到小五，就会想到伊丹权六，一想到权六为自己而死，就会感到无力和心酸。

这种心态整理总结之后，就是：德川家光一看到女人，便会心酸不已。

如此一来哪还有心思花前月下？

但身为人类，总归会有那方面的欲望，长期不接触同龄女性，家光的爱好自然也就开始渐渐地偏向了男人。

这可真是要了命了——阿福的命。

虽说在当年的日本，上流社会好男色本不是什么难堪的事儿，可关键是，别的人在好男色的同时，也近女色，毕竟大家都生活在同一个世道——一个不是男女结合就无法有下一代的世道。可偏偏赶着家光这小子只对男的有感觉，着实叫人头疼。

要知道，作为幕府将军，传宗接代是一桩比治国安邦更为重要的事情。因为一旦将军断了后，那么将直接动摇整个德川幕府的治世根基，这可不是说着玩儿的。

总的说来，18岁的少年德川家光，是一个前途光明但品行稍稍有点问题的孩子。事实上正因为考虑到这点，德川秀忠才决定退居二线，让家光提前得到锻炼。

顺道一说，这是天海在背后出的主意，同时老和尚还觉得这样能够起到让至今贼心不死的阿江夫人彻底死了让忠长当将军的心。

可是他错了。

就在秀忠宣布此事之后不久，阿江便亲自去了一趟天海那里，说是有要事相谈。

因为除阿福之外，天海几乎就不跟后宫发生任何往来，所以面对阿江的到访，他颇感意外，但出于礼貌，还是接待了对方。

两人问过好喝了几口茶之后，阿江夫人很开门见山地说道："今日前来，我想请教大师一些事情。"

天海连忙很客气地表示夫人请说，老衲一定尽量做到知无不言言无不尽。

"大权现曾经立下过遗嘱，说是如果当将军家一旦没有继承人，便将由尾张藩或是纪伊藩的嫡子继承大统，可有此事？"

尾张藩是德川义直的领地，共六十二万石，前面我们说过的。

纪伊藩位于纪伊国，也就是今天的和歌山县，那地方在元和五年（1619年）的时候，依家康的遗嘱，封给了德川赖宣。

同时，根据老爷子的遗嘱，如果当幕府将军在没有子嗣的情况下，将由尾张藩和纪伊藩两藩作为候选，选出一家的嫡长子来继承将军家。

所以天海并不否认，点头称是："如夫人所言，正是如此。"

"那么我想请问，我家忠长，是何身份？"

忠长就是国千代，元服之后改名德川忠长，取秀忠幼名长丸中的长字以及本名秀忠里头的忠字。

由此可见，对于这个次子，秀忠其实真的是非常疼爱的。

"忠长是三代将军家光大人的弟弟，这便是他的身份。"因为天海暂且不明阿江到底何意，所以便不痛不痒地回了一句废话，算是以静制动。

但阿江似乎很快就沉不住气了："如果三代将军没有子嗣，那么四代将军岂不应该由忠长来担任？"

于是天海便彻底明白了，原来时至今日，阿江依然没有放弃自己的梦想。

也不知道是该说她太不喜欢大儿子呢，还是该说她太爱那个小儿子了。

听了阿江的话之后，天海微微地摇了摇头："不可。"

"有何不可？"

"这是违反大权现遗言的。"天海说道，"根据他老人家的遗嘱，万一三代将军无后，那么四代将军只能是从纪伊和尾张两藩的嫡子中挑出，至于忠长殿下，那无论如何也是没可能的。"

"如果是三代将军自己愿意的呢？"

阿江的面目开始变得有些狰狞了起来，充满了一种不择手段的杀气。

但天海毕竟是天海，老和尚仍是微微一笑："夫人，您就死了这条心吧。即便家光殿下因为某种原因同意自己的弟弟继位，朝廷那边，也绝对不会给那道圣旨。"

"为什么？！"阿江有些气急败坏，"朝廷凭什么就不下圣旨？"

"夫人还记得当年的事吗？后阳成天皇要立自己的弟弟继承皇位，结果硬是被大权现给顶了回去，老衲估计朝廷那边应该记恨至今，所以，若是轮着幕府要立弟弟当将军,那他们多半是不会给圣旨的。"

"好吧,我知道了。"阿江把只喝了几口的茶碗往边上一推,然后站了起来,准备告辞。

"夫人。"天海叫住了她,"夫人,家光殿下尚且年轻,老衲还请夫人千万不要有什么奇怪的打算,这是既为了幕府的将来,同时也是为德川忠长大人的前途。"

"天海,你是在威胁我?"

"当然不是了。"天海呵呵一笑,"老衲只是实话实说罢了。"

阿江拂袖离去,两人聚会就此不欢而散。

而在江户城的另一头,还有一个人为德川秀忠的决定苦恼不已,那便是德川家光本人。

其实他压根儿就不想当将军。

之所以会有这种想法,主要是源于家光心中的自卑。

这是一个相当聪明,但同时也非常敏感细腻的孩子。

拥有这样个性的后果,首先就是能够轻易地看穿别人的想法,知道别人是如何看待自己的,其次则是会非常纠结于来自他人的看法。

在家光看来,自己其实是个很不受欢迎的人:亲生母亲阿江喜欢弟弟忠长;父亲秀忠虽然要把将军之位让给自己,可那也只是在执行祖父家康的遗训,或者说只是在考虑家族安危,几乎没有包含多少对自己的个人感情因素;而其他家臣,尽管明面上当然不敢说,但背地里实际上根本就看不起自己。大家看好的,只是那个又聪明又乖巧长得还挺帅的德川忠长。

"既然所有人都不希望我当将军,那我又为何要当这个将军呢?"

在一次两人小型酒会上,多喝了几杯的家光对一旁当陪客的赖房如此说道。

这是他的叔叔,也是他的朋友,而且是唯一的朋友。

很多甚至不能对阿福说的心里话,但却都可以毫无顾忌地说给这个怪叔叔听。

然而松平赖房却似乎根本就没在认真听,只顾着自己低头吃菜。

吃了两口之后,赖房才嘟囔着嘴含糊不清地说道:"你扯什么呢,你是将军家的嫡子,你不当将军,谁来当?"

"又不是我想当将军的儿子。"

"别人想当还当不上呢。"赖房手里的筷子依然没有停下,"这可是多少辈子才能修来的福分哪。"

"多少辈子造的孽才对吧?"

赖房放下了筷子。

"你小子……在想什么呢?"

"我只是觉得……"

"你只是在害怕而已吧?"

"我……我有什么好怕的?!"男孩子一般都不喜欢别人说自己"怕""缩""尿"之类的话,即便是家光也不例外。

"其实你说到底就是在害怕嘛。"赖房丝毫没有顾及家光那已经开始微微发生变化的脸色,"你害怕自己当上将军之后,万一干不了将军的活儿,弄砸锅了然后丢人吧。"

"这倒是没错,可将军家乃是天下的将军家,这一分面子难道你就丢得起?"

"不,你怕的不是丢将军家的面子,而是怕丢自己的面子。"

"……"

"不是吗?"赖房看了一眼家光,"你对别人的想法过于在意的主要原因就是害怕失败了之后被他们嘲笑或者看不起。你现在的想法就是与其等到失败了被他们嘲笑,还不如一开始就放弃,我说错了吗?"

家光不说话了,表情很凝重。一脸被人看穿了内心小秘密之后的失落。

"如果你死活都不肯当将军,那也没谁能勉强你,可若你不当,或许会让你弟弟忠长来当,这样也没问题吗?"

家光继续沉默。

其实母亲阿江对弟弟的格外优待以及对自己的相对冷遇,家光自小都看在眼里,同时他也明白会发生这一切的原因是什么。

如果让那个已经把自己的母爱给夺走了的弟弟再夺走本该属于自己的将军宝座,那自己肯定是一百万分的不甘心的。

只是不甘心归不甘心,家光嘴上却已经认了输:"忠长聪明又得宠,他当将军又有什么不好。"

当然,这话说得那真叫一个幽怨万分。

"你啊……"松平赖房举起了酒杯放到了嘴边,"你丫的,还真是个一无所知的傻蛋呢,既不了解自己,也不了解忠长。"

于是家光就急眼了,拍案而起道你妹的说谁傻蛋?老子从刚才开始就忍你到现在了你还说上瘾了是吧?

"听着,你自幼便和父母分离,虽说是锦衣玉食,可也着实饱尝辛酸,忍受了常人所难以忍受的痛苦走到今天,这种经历对于你而言,是一笔了不起的宝贵财富,无论在身体上还是心灵上,至少就承受力而言,你是一等一的。"赖房露出了家光从未见过的严肃表情,"大权现当年在今川家做人质的时候,也是备受白眼歧视,而他之所以能在后来开创了一番伟业,正是基于那种无与伦比的承受力,在这方面,你和那老头可谓是不相上下。"

"你……你居然敢叫大权现'那老头'?"

"人都死了你还怕个鸟?家光,你的人生和大权现相似,你也拥有不输给大权现的品质,如果在此放弃,那未免太过不值,更何况,你真以为德川忠长能当好这个将军吗?"

"为何不能?"

"哈哈哈哈哈。"松平赖房顿时发出了一阵极为浪荡的笑声,"你还真觉得这种从小就在爹娘身边被溺爱着长大的温室花朵,能成为一个比你更强的幕府将军？"

"……"

"听好了，家光，你不但是大权现的孙子，更是大权现再世，是这个天下独一无二的存在，所以不要再去担心那些无聊的事情，你要做的，就是完成那些大权现当年想做而没有做成的事业。"

"你是说……我是……"

"没错，你就是大权现再世。"松平赖房打断了家光的犹豫，"只要你愿意，你会成为一个不输给大权现的将军。"

德川家光的脸色依然非常凝重，但却很明显地带上了一丝笑容："那我从现在起，就应该……"

"不，你现在要做的，是陪我喝酒，然后想想哪天再一起溜出去快活快活。"几乎在瞬间，松平赖房又换上了原来的那一副嬉皮笑脸。

这一年的七月，家光来到了京都，拜会了天皇。

当月二十七日，朝廷正式宣下，任命德川家光为征夷大将军。

同日，德川秀忠卸任，称大御所。

那天晚上，秀忠把家光叫到了自己的房间。

"家光，你可知道，我曾经有过那么一两次，是想废了你的继承权的。"秀忠说这话的时候，一脸平和的笑容，"一次是小五那会儿，我知道对她下手的其实是你；还有一次，是在我决定让位于你之后，却听说你无意继承家位。除去这两次，不管外面的人怎么说，我都从来不曾动过那方面的心思。"

家光没有说话。

"我今天跟你说这些，没别的意思，只是想告诉你，事到如今，无论是你还是我，都已经没了退路。"秀忠瞅着对面没回音，便又自顾自地开了口，"既然朝廷已经下了圣旨，那么我想废你也废不了，你想退也退不掉，你唯一能做的，就是当好这个将军，而我唯一能做的，则是相信你能够成为一个伟大的将军。"

"大权现用武力开创了这番基业,而我在他留下的土地上辛勤耕耘,至于你,则应该要让这大地开出太平安定的花朵来。"

"我明白了。"

"嗯,你的话肯定没有问题。"秀忠笑着说道。

这孩子不是没有才能,他缺少的,仅仅是一份相信自己的自信而已。

一旦拥有自信,那么他的才能,便会被发挥到百分之一百二甚至是百分之二百。

其实,德川秀忠是很明白自己儿子的。

"我要成为超越历代的伟大将军。"

这天晚上,德川家光对松平赖房说道。

赖房笑着点了点头:"这才是你嘛。"

自卑起来仿佛自己是世界弃儿,自信起来则要把全世界都一手掌握——这便是德川家光。

他出生于庆长九年七月十七日,换算成阳历的话,应该是公元 1604 年的 8 月 12 日。

还真是典型的狮子座。

而这头狮子,终将成为万兽之王。

第六章 公武合战

宽永元年（1624年），朝鲜使者访问江户，拜会了将军德川家光，然后递交了国书。

在国书里，朝鲜人将家光称之为"日本国王"。

这是当时国际上的一个惯例，因为无论是在朝鲜还是在其他国家，将军这个词的含义大多都只能代表高级军官，唯独在日本，几乎可算得上是一个至高无上的称号。所以别人在写国书的时候，为了既区分出和自己国家将军的差别，又体现出日本将军的高贵，往往都会用"日本国王"来指代幕府将军。

但日本方面自然就不敢这么胆大妄为了，毕竟考虑到上面还有天皇的缘故，所以幕府将军写国书的时候，通常自称都会比较委婉。比如在德川秀忠时代，秀忠写给朝鲜的国书里，通常用的就是日本国源秀忠的落款，表示自己是日本国武家栋梁的源氏长者。

不过源秀忠这个名字除了日本人自己，一般没人能明白说的是什么人，都只把他当隔壁老王，所以那封国书没有被寄出，而是留在了对马宗家的手里。

和当年一样，每逢幕府需要递交给朝鲜的国书，都会先送到对马藩，再由那里转交过去。

同时和当年如出一辙的是，这一回对马藩又要改国书了。

此时宗义智已经不在人间了，对马藩的大名是他的儿子宗义成。

这小子跟他爹一样,也是个敢叫日月换新天的奇志儿女。

且说在宗义成看到"源秀忠"仨字之后,顿感不妥,于是想都没想便提笔在前面加上了"日本国王"四个字,让人送了过去。

众所周知,在日本人的概念里,日本国王只能是天皇,谁要敢冒名顶替,那就是大逆不道。

就这样,德川秀忠在完全不知情的状况下被"反革命"了一次。

但却也不是白当,这种涂抹行为至少换来了好几封朝鲜人情真意切的国书,虽然内容都写得差不多,先是非常热情洋溢地诉说了一番两国交往源远流长,接着又表示两国应该不计前嫌地朝长远考虑,将友谊进行到底。

同时,在这些国书的抬头上,朝鲜国王写的都是"致日本国王"。

德川秀忠默认了——这也是当时的惯例。一来不知者无罪,外国人而已,犯不着跟他们一是一二是二地上日本历史政治课;二来反正这信一辈子都不会让天皇看到。

或许是认为每次都要在信的落款前加"日本国王"四个字太麻烦,故而宗义成向秀忠提议,以后再给朝鲜人写国书,不妨自称日本国主,这样既形象贴切,也不犯忌讳。

秀忠觉得言之有理,便同意了。

而对马藩则不知从哪儿花高价买来了若干类似于白雪修正液的东西,专门用于将国主的"主"字上那一点儿给抹去。

于是秀忠就这么一来一回地当了好几年的日本国王,现在,轮到家光了。

在这一回朝鲜使者递交的国书中,除了和以前一样的空话寒暄外,也倒还说了点实事儿,那就是希望日本把当年太阁侵朝时在半岛掠夺的人口给还一点回去。

估计那一年朝鲜多半是遭了什么灾了,这才跑日本来要人不要钱。

对此家光的答复是那些被掳来日本的朝鲜人现如今基本上都已经

适应了日本的新环境和新生活,你要他们再回去估计他们自己都不干,不如这样吧,但凡有愿意跟你们走的,我们日本方面绝不阻拦。

此事就算到此告一段落了,但国书的事儿,还没完。

这天晚上,家光把松平赖房、土井利胜等几名重臣召到了跟前,然后问道:"朝鲜国王在他的国书里,把我德川家光,奉为日本国王,对吧?"

大伙原本还以为这深更半夜的有什么重要事情,一听原来是这个,于是绷紧的神经便顿时放松了下来,纷纷点头表示这谁又能说不是呢,白纸黑字写得明明白白,可不就是日本国王嘛。

"那么,此事的本质,就是远在大洋彼岸的朝鲜人,前来江户拜会日本国王,对吧?"

大伙还是一阵点头,表示没错。

"连外国人都知道来江户觐见幕府将军,把幕府将军奉为国王,可为何身在朝廷的天子,却从来都不曾来过一次江户城呢?!"

底下顿时就没了声音。

大家被这非比寻常的逻辑给吓到了。

首先,朝鲜人来江户跟天皇来江户完全不是一个概念,前者和幕府只是普通的国家机构与国家机构的外交关系,而后者和幕府则是理论上的上下级关系,不可同日而语。

其次,远的不敢说,就说近的,自战国以来,天皇就不曾离开过京都,即便是在织田信长、丰臣秀吉以及德川家康这三位大神当道的时代,也没发生过家光说的那种天皇主动离开宫殿去大阪城或是安土城看望秀吉或者信长的事情。

所以在众人看来,这是痴人说梦,是纯粹的扯淡。

但家光却是一脸的严肃神情,看着似乎不像是在开玩笑。

那就劝吧。

"回将军大人。"土井利胜说道,"他朝鲜国王也并没有亲自来江户啊，要说派遣使者，我们的天子大人不也让特使来过江户，为将军大人的继位专门祝贺过的嘛。"

"你说的一点也没错。可是你得明白，朝鲜国王没来，那是因为我没去，可天皇那边，我德川家光早就已经先行拜会过了吧？"

利胜一时语塞，他还真没想到眼前的这小子居然还计较着这一茬儿。

想了半天，利胜才用相当没底气的口吻说道："将军大人去朝廷拜会天皇的时候，尚且还不是将军……"

这采用的是你计较我计较大家都计较战略，计较来计较去，便很容易把事情搞成一潭浑水，然后不了了之。

但家光显然是一个很难糊弄的家伙，他似乎早就在等着土井利胜的那番计较，一经听完，立刻目光如炬地看着对方："那么你的意思是说，只要我现在以幕府将军的身份去朝廷觐见天皇，那天皇也会来江户回见一次我？"

土井利胜当场就跪了。

他嘴里喊着将军大人，可心里叫的却是祖宗。

这真的是祖宗。

天皇会不会因家光的专程觐见而巡行江户，这说到底也是天皇的事情，跟土井利胜何干？

或者说，这根本就不是土井利胜能回答的问题。

可你德川家光现在却这么义正词严地问人家，这不是要把人往死里逼么。

散会之后，土井利胜连家都没敢回，直接跑去了秀忠那里，向他通报了家光的惊天想法。

秀忠自然也被震惊到了，因为在那个时代，让天皇离开朝廷搞东巡，确实是一件常人不敢想，就算敢想也不敢做的事情。

但秀忠多少还保持了几分淡定，因为在他看来，家光之所以要让天皇来江户，极有可能只是年轻人的一时冲动，未必有什么深思熟虑，好言相劝几句等过了这个闹腾劲儿也就 OK 了。

所以他决定亲自跟自己的儿子谈谈。

次日，家光应邀来到了江户城的西之丸——那里是秀忠退居二线之后的住所。

房间里已经有两人在等着他了：德川秀忠和南光坊天海。

"治国如烹小鲜，切忌性急。现如今，我们好不容易跟朝廷搞好了关系，你又想出来这么一招，到底是准备干吗？"

家光刚一坐下，秀忠便问道。

他说的"跟朝廷搞好关系"，主要指的是两件事。

第一件是德川家光的婚事，在宽永二年（1625 年）的八月，家光娶了公卿鹰司家的女儿鹰司孝子当正房。

鹰司家是和近卫家、九条家、一条家以及二条家平起平坐的五摄家之一。

所谓五摄家，通俗说来就是指公卿中地位最高的五个家族，所以那两人的婚姻在当时被看做了公家和武家之间的完美结合。

当然，这所谓的完美，仅限于表面。

事实上，自家光和孝子结婚一年多来，小两口也别说过夫妻生活了，就连见面的次数都能掰着手指头给算出来。

确切地说，是自婚礼上的那一面之后，两人便再也没有相见过，究其原因，当然是出自那位不爱女生爱男生的将军大人身上。

第二件发生在元和四年（1618 年），德川秀忠的小女儿德川和子，进宫嫁给了后水尾天皇。

不过此事也是一波三折。本来幕府跟朝廷都已经协商好了，说是和子一进宫就让人当皇后，可结果临上花轿的时候，那帮公家又突然反悔，表示朝廷反对声音太大，因为自古皇后都必须是出自公卿名门，从未有过武士的女儿当中宫娘娘的先例，所以，和子这个皇后是肯定得泡汤了。

知道消息之后的秀忠当然是出离愤怒，咬牙切齿地放出狠话称你朝廷要是敢不让我女儿当皇后，老子就不让她嫁了，并且从今往后起，你们朝廷也别再想要幕府的一分钱。

手不能提肩不能扛的公家最怕的就是断粮，所以一听这话都吓坏了，纷纷表示有事好商量，我们再讨论一下。

讨论出来的结果是先让和子进宫，当个女御。

所谓女御，是宫中女官的一个名称，地位很高，通俗说来就是皇后候补。其实公家们的意思就是祖宗大法不可废，但填饱肚子也很重要，不如当了婊子再立个牌坊，小小地折中一下吧。

对此，德川秀忠表示认同。

宽永元年（1624年），德川和子终于转正，被立为中宫皇后。

而她和后水尾天皇的关系也非常好，在转正之前，就已经为天皇生下了一个女儿，叫女一宫。

总体来看，德川秀忠时代，幕府对朝廷的手段不再像从前家康时代那样强势了，而是采取了相对温和的合作政策，双方以和为贵，其乐融融。

可现如今家光这小子眼瞅着就要没事儿找事儿无事生非，秀忠只表示，目前乃多事之秋，多一事不如少一事，少侠，你就淡定点吧。

但家光却是一副寸步不让的表情："我现在做的，乃是完成大权现的遗志。"

"你说什么？"

"大权现生前，曾数度拜访宫廷，要求天皇东巡，此事您应该知道吧？"

秀忠点了点头："虽说确有此事没错，但是你得明白，朝廷毕竟是朝廷，即便是大权现，也不过是武士，而我们武士的职责，就是守卫朝廷，保护天子。"

"那早已经是过去的事情了。"

"不,只要武士存在一天,这事就不会改变。"秀忠用不容置疑的口气说道。

"我并没有把幕府置于朝廷之上的打算,只是无法容忍那些厚颜无耻游手好闲的公家吃我们的用我们的,到头来却还摆出一副臭脸自以为自己是人上人,公开看不起我们武士,实在是让人忍无可忍。"家光说道,"之所以要让天皇东巡,理由也正是在此,要告诉天下幕府的威望,武士的威望。"

看着情绪激昂的家光,秀忠不忍心再泼他冷水,只得转头问一旁的天海:"大师,你对此事如何看法?"

"可行。"

说完之后,或许是觉得自己过于惜字如金了,于是天海又补充说明道:"要让天子来江户,虽说比移山倒海更为困难,但也不是不可能,更何况将军大人有这样志在必得的决心和气魄,实在是难能可贵。"

"那么,究竟如何行事?"

"先不要想着怎样行事,先把消息传入宫中,挑起风波,趁着混乱,静观朝廷变化,随后再见机行事。"

不得不说这真是个好主意,所以不管是秀忠还是家光,都表达了赞同之意。

宽永二年(1625年)正月,借着给朝廷拜年的当儿,幕府的使者趁机向武家传奏表示,希望能够让天皇在适当的时候,出巡江户。

对此,朝廷的回答是知道了。

之后,便再也没了声音。

其实宫里早已乱成了一团,因为谁也没想到刚刚上任,年仅二十出头的新将军,居然会气势磅礴地提出这么一个要求来。虽说绝大多数公卿态度非常坚决地表示这种违背祖宗大法的事情决不允许发生,但依然还是存在着一部分收了钱的家伙,表示可以看看,适当的时候可以做一下适当的变化。

而那边江户城里的德川家光等着等着没等到反应,还以为朝廷无视他的存在,于是急得又想了一招新的。

这一年二月,家光向天下宣告,说鉴于朝廷被奸臣把持,屡屡不鸟幕府,故作为幕府将军的他,决定在明年(1626年)四月的时候上洛参见天皇,然后问个是非曲直,顺便亲自地,面对面地,要求天皇东巡江户。

而朝廷的众公卿们开始还以为家光是摆个噱头说着玩儿的,可后来发现似乎不是这么回事儿,因为幕府不光动嘴,还动手,说完之后就开始给各大名摊派任务,让诸侯们负责沿途保卫工作或是具体接待工作等等。

一看家光似乎是要来真的,朝廷那边也坐不住了,连忙弄了个特使小队,在当年四月的时候,组团访问了江户,说是想跟将军谈谈关于天皇东巡的事。

朝廷使节团的团长由关白近卫信寻担任,同时随行的主要人员还有内大臣二条康道、大纳言九条忠象等。

不过,负责跟幕府方面交涉的,却是武家传奏。

此时的武家传奏因为广桥兼胜在元和八年(1622年)去世,已经被换成了一个叫中院通村的家伙。

这人是后水尾天皇的宠臣,堪称第一号亲信,而他的为人,总结起来就四个字:是条汉子。

中院通村性格刚强,软硬不服油盐不进,他和歌方面的造诣很高,德川家光曾经一度想拜他为师好好学一手来着,可是却被严辞拒绝。

当京都所司代前来询问拒绝理由的时候,哥们儿非常牛逼地甩了一句话:"咱生平最看不起的,就是武士了。"

让这么个人来,其实朝廷已经等于说是摆明了自己的态度。

而幕府方面,虽说德川秀忠和德川家光联袂出席,但主辩手,则由土井利胜以及稻叶正胜两人担任。

稻叶正胜虽然这一年不过 28 岁，但因为他妈是阿福，发小是家光的缘故，年纪轻轻便坐拥一万石领地，成了一方诸侯。

在双方坐定各自互相认识之后，照例由土井利胜先把话带入了主题："关于天皇东巡一事，今日希望诸位公卿能给一个明确的回复。"

于是气氛一下子就被挑了起来。

近卫信寻倒是非常淡定，表示此事不归自己管，您要问，就去问武家传奏吧。

中院通村似乎正在等着这个出场机会，一听这话，便挪上前来，先对家光行了一礼，再冲利胜点了点头，然后脸上浮现出了一抹非常虚伪的笑容："回禀将军大人，关于之前所说的事情，因为考虑到古今从未有过先例，所以恕朝廷难以答应。"

"没有先例就无法答应，这种回答实在是有些让人无法认同吧？"土井利胜追问道。

"土井大人无法认同那是土井大人的事情……"

"不是我无法认同。"土井利胜将对方的话一下打断，"而是……"

"就算幕府将军无法认同，那也一样。"中院通村反应奇快，一下子反守为攻，又把土井利胜的话给打断了，"我说，你们到底懂不懂事儿啊？这宫里的各种活动，全都是依照先例典故执行的，而且执行得非常严格，要都像你们那样想着一出是一出，还让人怎么活啊？"

土井利胜的脸色已经开始变了："你得知道，这是负责天下治理的征夷大将军所提出的特别的要求。"

中院通村一手扶住了额头，摆出了一副非常无奈的神情："咱家记得刚才已经告诉过你了，这将军，他也是朝廷的家臣，在朝廷眼里，将军和你土井大人本质上并没什么区别，所以他提出的要求，我们也没工夫去特别处理。"

"中院大人，您是不是……"

"好了别说那些有的没的了,不都告诉你了么,恕难从命,还要说几遍啊?"

"好你个畜生!"一声暴喝如平地惊雷般地响了起来,抬头望去,只见那稻叶正胜已经跳将起来,对准了中院通村的方向准备来个三米冲刺,然后做一些诸如把脚踩在他的脸上的举动。

土井利胜一看要动粗,情知不妙,连忙大喝一声:"正胜,这可是在将军大人面前啊!"

稻叶正胜一下子反应了过来,停下脚步收了神通,又坐了回去。

现场的气氛顿时变得极为尴尬。

在沉默了大概数十秒之后,德川秀忠用一种非常淡定的声音打起了圆场:"哈哈,实在是失礼了。我们想要天子东巡,其实也没别的意思,不过是想借机表露一下忠心罢了,这一点,还希望关白大人回去之后,能够转达给天子大人。"

近卫信寻跟中院通村不一样,是个善茬,并不愿意看到双方剑拔弩张并进,所以也非常柔和地回应说自己一定会转达的,请将军大人放心。

双方的会见,到此便算结束了。

虽然在整个过程中,德川家光虽然脸色一直在发生着从红润到青白再到铁青这样的变化,但却自始至终都没有张嘴说过一句话,这是因为他一直在拼死克制着自己情绪。他知道一旦他开了口,那么多半会跟稻叶正胜一样破口大骂甚至大打出手,到了那时候,那可真就万事休矣了。

而且,现在事情也已经变得越来越不简单了。

幕府要天皇来江户,却被朝廷非常爽快地拒绝了。

这事传出去,幕府颜面何存?

换言之,现在德川家光,或者说德川幕府的处境,等于说是骑虎难下了——进,朝廷不让;退,颜面尽失。

家光很明白这点,所以他不光气,还急,可是却没有一点点的办法,因为你总不能冲进皇宫然后两个大耳刮子把天皇抽晕了再扛着来江户,于是只能又气又急地在屋子里砸小板凳发泄。

"朝廷也有朝廷的脸面要顾及嘛。"不知什么时候,阿福出现在了家光的背后,"这就跟玩相扑一样,你总不能指着光自己发力而不让别人用力气吧?现在才刚刚开始,你就急成这般德行,还谈什么颜面?将军就要有将军那镇定的气势嘛。"

不过,虽说阿福是这么在那里劝着家光,但大家心里其实都很明白,事到如今,马蜂窝都已经捅出窟窿来了,光靠劝肯定是没用了,能做的,要么是就地认怂被天下耻笑为缩头乌龟,要么是咬牙挺着继续想办法把天皇弄关东来。

幕府上下一致选择了后者。

第七章 天子巡幸

数日后，德川秀忠召一人进了江户城，先是跟他把关于要天皇东巡的事儿原原本本地说了一遍，再把当天中院通村吐槽土井利胜的事也一五一十地交代了一下，最后当着包括家光在内所有在场的人的面说道："事已至此，唯有请你来想一个万全之策了。"

这个被德川秀忠如此看重，听起来非常厉害的人乃是仙台藩大名伊达政宗。

政宗这一年已经57岁了。

虽然年纪一把胡子一把，可本性依然没变，还是一个贱人。

不过，却是一个百里挑一的高段位贱人。

在听了家光的一番讲述之后，政宗略一思考，然后贱贱地一笑："虽然让天子来江户这事儿确实不太可能，但将军您的目的其实也并不在于天子究竟去哪儿，只是想让幕府的威望压过朝廷，那样的话，不如退一步行事。"

家光连忙问如何退一步。

"当年大权现本来想让丰臣秀赖去江户拜会的，可后来却选择了在二条城进行双方会晤，将军可知此事？"

"你的意思是说让天皇来二条城？"家光问道。

"为什么不呢？"伊达政宗笑得很贱，"二条城虽然距皇宫不过一步之遥，可那里自古便是幕府将军的居城，天子若是能够巡幸二条，其意义,和东巡江户没有任何区别。而且,那一年丰臣秀赖离开大阪,去二条城见了大权现,当时诸大名就立刻达成共识,认定天下最大的是德川家而非太阁家,现在,天子若是去了二条,那么大家心里会怎么想,也就不需要老夫再多说了吧?嘿嘿。"

"更何况,把天子从京都拐到二条,要比把他骗到江户来方便得多得多。"

伊达政宗说得兴起,忍不住露了原形,光明正大地用起了坑蒙拐骗这样大不敬的字眼。

而底下人在佩服得五体投地的同时,也不由发自内心地赞叹:不愧是仙台侯,贱,真贱,那么贱的办法都想得出来,太贱了。

不仅如此,伊达政宗还主动请缨,表示自己愿意充当一回外交官,代表幕府与朝廷谈判,不达目的誓不休。

望着自信满满地在那里拍着胸脯的仙台公,在场的所有人都产生了这样的一种感觉,那就是大事可成了。

可大家都错了。

正所谓希望越大,失望也越大。

话说伊达政宗在回家后的当天,就写了一封情真意切热情洋溢的奏折,恳请天皇能去一趟二条城云云。

半个月后,因为没有任何回音,政宗便提笔开始写起了第二封。

又过了半个月,第三封奏折也被送了出去。

再过了一个月,正当伊达大人打算差人去送第四封奏折,德川秀忠的人先来了,说是大御所有请,请大人去喝茶。

对于政宗这毫无建树的两个半月,德川秀忠是非常不满的,甚至可以说是愤怒。

原先,幕府请天皇来江户,天皇不肯,虽说丢人,可这人丢得也算是在情理之中,毕竟京都距江户千山万水,一路走来确实不容易,更何况对象还是养尊处优跟黄花大闺女似的整日不出大门的天皇。所以天皇不来，那也实属正常，没人会说什么。

可现在，幕府将巡幸地点改在了跟京都朝廷一步之遥的二条城，这等于说是一种莫大的让步，再说得难听一点就是幕府已经在那里认尿求饶了，希望朝廷给自己一个台阶下，意思意思给个面子。

如果朝廷方面依然跟从前那样采取无视或是拒绝的态度，那么对于幕府而言，这一回的丢人，将会是空前绝后的。

举个例子，你觉得一个人是在擂台上被人打趴下更丢脸呢，还是在痛哭流涕跪地求饶无效之后依然被打一顿更丢脸？

现在幕府已经快跪下了，可朝廷却仍然没打算停止挥向他们脸蛋的巴掌。

而且比较那啥的就是，建议幕府跪下认尿的，是伊达政宗。

你说德川秀忠怎么可能放过他？

只是事到如今纵然是伊达政宗都没了办法，毕竟奏折写过去人家连个回音都不带给，天晓得是拿去垫桌脚还是擦屁股，于是他只能冲着德川秀忠莞尔一笑："要不……再写一回？"

秀忠很没好气地说写写写还写个屁，你写一百封过去该不鸟你还是不鸟你，想点别的辙吧。

政宗一看大御所真的动气了，马上就不敢再笑了，用一副小鸟依人的姿态弱弱地问道："是不是他们没有拿去给天子看啊？"

根据日本的规矩，奏折上给朝廷，是不会直接到天皇手里的，而是要经过专门的公卿的审核之后，认为内容和谐无害，才会被转交给那位半神。

伊达政宗的怀疑并非没有道理，所以德川秀忠在沉思片刻之后，表示要不你也别写信了，直接去一趟京都，跟朝廷面对面地谈谈吧。

同时，秀忠还丢下了一句话："政宗，让天皇来二条城可都是你的主意，出了差错，你可得负责啊。"

尽管说这话时秀忠仍是一脸的和颜悦色，但伊达政宗是聪明人，明白这话的分量几何。

当年六月,政宗赴京谈判,但几乎是被拒之门外——朝廷只派出了武家传奏中院通村跟他喝了一杯茶,之后伊达大人便立刻明白了山外有山贱外有贱这一亘古不变的真理。

但倒也不是完全没有收获。

经过这次上洛,让伊达政宗肯定了之前的猜测:自己写的那么多奏折,包括更前面幕府写的,或许是一封都没有转呈天皇。此外,虽说朝廷的大致趋向是反对天皇去二条城,但说到底在那里蹦得欢的也就那几个人,其余的多为骑墙派,不足为惧。

所以伊达政宗给出的最终建议是:希望将军家光尽快亲自去一趟京都,以将军的身份觐见天皇,然后当面提出要求,看看天皇会怎么回答。

这不得不说又是一个非常贱的办法。

当面请天皇来二条城,后果无非两种:天皇答应了;天皇不答应。

天皇答应去,那自然什么都好说,无须多论。

可要是天皇不答应呢?

那就完蛋了。

武家传奏拒绝,可以找关白商量;关白不鸟你,可以面圣奏请,可一旦天皇说了不字,那就意味着没了退路,再也无人可找,无人可谈,等于是失去了最后的希望。不仅如此,既然天皇不肯去二条城,那么以后找他去别的地方比如大阪啊奈良之类的,可能性也都将是零。

所以说,直接去找天皇商量,纯属置于死地而后生的绝招,伊达政宗的这个主意,本质上是在把幕府往绝路上逼。

不过也不能怪他,事到如今,除了玩命,似乎也没别的手段了。

当手下家臣问起家光,说若是假如天子大人当面回绝了我们,那该怎么搞?

"那么老子就切腹。"原本正襟危坐的德川家光噌地一下从垫子上站了起来,"如果天皇当面回绝,那为了幕府的颜面,老子便会在二条城内堂堂正正地切腹以谢天下。"

"好！"老和尚天海赞叹道，"只要有这样的决心，那么世间万难都将不足为惧。"

虽然家光这边是雄心壮志豪气冲天，但很快就被泼了冷水。

德川秀忠表示了坚决的反对。

他的主要意思就是说少年你不要冲动，虽然去二条城切腹或许能多少挽回一点颜面，可命都没了要颜面还有个屁用啊？而且，身为将军，动不动就要死要活的，像什么样子？

最后商定的对策是：由大御所德川秀忠先行一步，去跟天皇面谈一次，如果不行的话，再由家光去谈。

这等于是把最后一招变成倒数第二招，多了一根救命稻草，说白了也没啥太大的意义。

宽永三年（1626年），德川秀忠上奏天皇，说是要见一见远嫁多年的中宫皇后和子，顺便再看一眼可爱的外孙女，同时还给皇上和朝廷上下准备了丰厚的礼品，希望准奏。

至于什么东巡啊二条城之类的敏感词汇，那自然是只字未提。

于是很理所当然地被答应了——天皇亲自下达了召见的诏书。

六月，秀忠带着伊达政宗、金地院崇传、土井利胜等人正式启程，数十日后，抵达京都，然后住进了二条城。

按照原定计划，秀忠应该是先在京都当一回散财童子，给大小公卿分发金银礼物，等皆大欢喜之后，再进宫面圣。

计划的第一步进行得非常顺利，在收到真金白银后，没有一个人的脸上是不带着笑容的。

问题出在这第二步上。

就在众公卿赚得钵满盆满只等着秀忠进宫觐见，连天皇都已经做好了准备接见的当儿，可秀忠却突然表示此事不急，并且要求见一见关白近卫信寻和武家传奏中院通村。

"本来，我是打算在面圣的时候直接向天子大人提出巡幸二条的事情，但这么做显然比较唐突，所以还是想麻烦两位，代我向天子转呈此事吧。"

寒暄过后，秀忠开门见山。

但中院通村却依然很不给面子："此事之前已经有过计较，我不也告诉大御所您了么，不可以就是不可以，不管是您跟圣上说还是我们跟圣上说，结果都是一样的。"

"天子巡幸所需开销全部由幕府来承担，我们出黄金一万两。"陪同在座的土井利胜说道。

一两黄金约等于日元八万，核算下来一万两大概折合日元六千两百万。

近卫信寻笑着摇了摇头："这并非是钱的问题。"

"那么再翻一倍如何？"土井利胜开始加价。

"这……这确实不是钱的问题。"虽然依旧拒绝，但近卫信寻的语气似乎开始发生了某种比较微妙的变化。

"五万两吧。"秀忠拍板了。

"关白大人都已经说了，这跟钱没有关系，你听不明白吗？"

看出信寻有变的中院通村抢先一步，把话头给掐断了。

秀忠笑了笑，看着那位武家传奏："我问你，幕府要求巡幸二条城一事，天子本人可知晓？你给我说实话。"

"天……天……天子……哦不，朝廷之事，不便外传，您也不必多问。"中院通村相当闪烁其词。

"混账东西！"陪着秀忠一起上京的伊达政宗再也按捺不住心中的怒火，"上一次我问你这个问题，你就跟我说不便外传，这一回大御所问你，你还说不便外传，你当我们都是3岁的小孩子吗？睁大你的狗眼看清楚了，坐在你面前的是前征夷大将军,中宫皇后的生身父亲，公主殿下的外祖父，难道他也是朝廷所谓的'外'吗？！"

"幕府为了请天子出巡二条城，特地将城池翻修一新，同时也愿意不计金钱地负责沿途费用，你们却迟迟不肯答应，甚至连呈报天子这种基本事宜都没有做，你们到底想干什么？！"

趁着政宗大发神威的当儿，土井利胜也不失时机地补上了一刀。

"呵呵。"秀忠依然是一脸的笑容，"你们不要这样，这可是在关白大人面前啊。"

从小到大就没被这么围攻过的近卫信寻一看德川秀忠亲自为自己说话，有些感动："大御所大人，巡幸一事我这一回一定奏明天子，由他定夺。""这样吧，关白大人，我给你10天时间，10天之后，如果天子仍然没有表态愿意巡幸二条城，那么，我将取消这次进宫面圣。"

"这……"因为从开始到现在，秀忠一直保持着非常真诚的憨厚微笑，所以任谁都没想到他会一下子说出这样的狠话来，以至于近卫信寻一下子都不知该怎样回答。

而更狠的，却还在后头。

"我知道，此事你们根本就不曾跟天子说过，我也知道，其实反对的，不过是五摄家的其中几个，那么，我告诉您关白大人，若是10天后天子仍未表态的话，我会考虑让家光跟鹰司孝子离婚，把那个姑娘送还给鹰司家。此事我待会儿也会专门派人去跟鹰司家说，但仍然得劳烦您转达一下。"

这不得不说是非常狠的一招，和这两句话相比，之前那些重臣们说了几个月的话以及伊达政宗写了几个月的信，都只能算是浮云而已。

德川秀忠要见天皇，夹在中间负责准备工作的，是关白，一旦让天皇蒙羞，虽说罪大恶极的是秀忠本人没错，但毕竟人家是远居江户手握雄兵的大御所，天皇奈何他不了，最后挨千刀万剐的，只能是近卫信寻。

德川家光的老婆鹰司孝子，本来都已经嫁过去一两年了，现在却要被送回来，这丢人的程度绝对不是普通人类可以想象的，更要命是孝子虽然嫁过去那么久，可依然是黄花大闺女，这事儿真要传出去，老百姓会怎么想？坊间的传言会有多难听？她以后还要不要做女人了？鹰司家还想不想继续留着面子混了？

这样一来，立于公卿之首的五摄家中的近卫家和鹰司家，便会被迫成为坚定的挺幕派，会毅然决然地请求天皇走一趟二条城，而剩下的三家，其实都是支持幕府的，比如内大臣二条康道和大纳言九条忠象，这两人实际上是亲兄弟，他们的母亲是丰臣完子，等于是阿江的外孙，家光的外甥。

不得不说姜还是老的辣，那边都快赶着拿菜刀剖腹拼命了，这边谈笑风生就搞定了一切。

五日后，武家传奏中院通村单独造访了二条城。

他表示，经过多方不懈的努力，天子大人终于做出了决定，出巡二条城。

时间基本定在了这年的九月，因为八月二十六日将举行后阳成天皇的忌日法事大会，现任的后水尾天皇打算等这个日子过了之后再去二条。

对此，德川秀忠表示没有异议。

"此外，关于此次巡幸、礼仪和活动等事宜，将遵照古礼，由宫中负责安排。"中院通村又说道。

"不行。"土井利胜立刻反对，"我们这边商议已决，这些东西，都交给金地院崇传。"说白了，就是天皇在二条城，一举一动都得遵守武士的礼节。

这当然不行。可正当中院通村准备反驳的时候，一直都在对面坐得好好的德川秀忠突然就站了起来："我们这里还有很多事情要忙，既然双方已经把要传达的东西传达到了，那就可以了。送客吧。"

临别前，秀忠两眼直盯着中院通村："这些日子还真是劳您费心了，您的功劳，我会一直记在心里的。"

后来，这位武家传奏被罢免了，然后还被软禁了好几年。

七月十二日，收到消息的德川家光从江户出发，随行的有水户公德川赖房、稻叶正胜等近臣以及人数为一万上下的大军；同日，德川秀忠进宫觐见了皇后和子，也就是自己的小女儿。

次日，金地院崇传、土井利胜以及中院通村三人召开了一个小型的座谈会，主题是天皇在二条城的时候，活动和仪式到底该由哪一方来安排。

虽说上一回秀忠确实是很霸气地一口定夺然后还下了逐客令，可毕竟这也是大事，实在不方便搞这种一锤定音，所以绕了几圈之后，双方还是得坐下来好好地谈一回。

然后就是公说公有理婆说婆有理，武士们表示这二条城乃是武门城池，一旦踏进去，就得按照武士的安排来生活，可公卿代表中院通村却反对称普天之下莫非王土，它二条城说破了天，那也是天皇名下的一座城，既然天皇巡幸，自然还得照着宫里的生活习惯。

说着说着大家就吵了起来，因为土井利胜又提出了一个自认为是折中的方案，那就是天皇在二条城的生活可以依照宫里的安排来进行，但是，在二条城的逗留时间，必须从原本的五天延长到七天。

中院通村却还是不答应。

最后大家只能休会，说是以后再议。

七月十九日，德川家光一行抵达骏府，受到了骏府城主的热情接待。

这城主其实是他亲弟弟德川忠长。

话说家光成为幕府将军之后的第二年，忠长便拜受了骏府城七十万石的领地。

这当然是阿江夫人活动之后的结果。

在把领地封给弟弟的时候，家光用让人非常难以捉摸的语气说道："忠长，现在你该满足了吧？"此时此刻忠长要是敢说我还不满足这几个字的话，那下场必定是可悲的，所以他只是低头谢恩："蒙将军恩赐,忠长不敢……"

"感谢就不用了,你可得记着我对你的恩哪。"家光打断道。

要说忠长其实真心是个不错的孩子。在去了骏府之后,尽心尽力地搞经济建设不说,就连增进民生福祉也没忘记。这次家光大驾光临,他更是全力接待,老远就出城迎接,然后让将军的队伍走在前头,自己跟在后面当护卫。

但家光对此似乎并不怎么满意,因为自始至终,他都一直板着脸。

二十一日,一行人走到了骏河国境内的挂川城,还是老样子,将军在前,弟弟跟后。

进城之后,家光都没来得及休息,便让人把忠长给叫了过来。

忠长以为哥哥要表扬自己,一脸的小期待。

"忠长,刚才我过大井川的时候,是踏着桥面来的,你告诉我,这是怎么回事?"

大井川是一条河,在那个时代,从战略位置上来讲,也算作是骏府城门前的一道天然屏障,过了这条河,往东走能到骏府,往西走,便能到尾张。

德川忠长有些摸不到头脑,心里想你不踏着桥过来难不成还能踏波而来?但嘴上当然不能这么说:"回将军,这桥,是我造的。"

"我记得原先大井川上并无此物,告诉我,你为何要造此桥?"

忠长一听这话就来劲了,以为哥哥待会儿要表扬自己励精图治,便抬起头来把这座桥的情况娓娓道来了一番:"这是为了过往行人商人能够平安方便地过河,同时也是为了防止因河水涨潮无法使用渡船渡河,让领内民众免受水患之苦,我才下令修建的此桥。"

"哦。"家光的脸色铁青。

忠长的面孔也变得难看了起来。

喋喋不休地说了一大堆临了你来个哦,你以为老子是讲故事的么?

但毕竟对方是将军,所以他还是非常毕恭毕敬地说道:"请问将军大人,有何指示?"

"给我拆了。"

"啥?"

"你现在就去把那座桥给我拆了。"

"为……为何?"

"你个傻瓜还不明白吗?!"家光的嗓门一下大得吓人,"大井川是保护骏府乃至整个关东地区的要冲!如果关西诸侯起兵谋反,你造的这座桥,是打算给他们运兵送粮吗?!"

"这……"

"居安思危这个道理你懂不懂啊?身为一国大名,你随随便便闲着没事你造个屁的桥啊?!你耳朵被人戳聋了还是怎么着,老子让你去把那座跟你一样没用的桥给拆了你听不到啊?!"

原本一直在低头挨骂的德川忠长,慢慢地把头给抬了起来,他一言不发,直视着自己的兄长,眼眶里含满了泪水。

"你有什么不满吗?"

"遵命,我们这就将此桥拆除!"手下陪同家臣一看再这样僵持下去估计要坏菜了,连忙跪下代替自己主公答道。

"在你上洛之前,把这事给办了。"家光下了命令。

由于德川忠长不管怎么说也是德川家的嫡子,这次天皇巡幸二条也有他出场露脸的份,所以虽然被骂得跟孙子一般,但还是得硬着头皮收拾行装跟着走,继续做家光的后卫。

八月十日,伊达政宗给正在二条的德川秀忠带来了一个好消息:经过他努力,终于说服八条宫智仁亲王,承诺这次巡幸来二条城,一切都依着幕府的安排进行。

希望你还能记得那位王爷,他是后阳成天皇的弟弟,当年一度还成为了天皇候选人,不过因为德川家康,所以被活活搅黄了。

说起来伊达政宗自打参与此事以来,几乎不但无尺寸之功,反而还平添了许多麻烦,现在总算是扳回一局,给自己挣了些许脸面。

八月十八日,德川家光抵达京都,并于当天进宫拜会了后水尾天皇,然后被封右大臣,官居从一位。

此外,在同一天跟随家康一起面圣的诸大名,也几乎都得到了各自的官职。

骏府城城主德川忠长,尾张藩藩主德川义直和纪伊藩藩主德川赖宣分别被封从二位权大纳言;水户藩藩主松平赖房,金泽藩藩主前田利常,萨摩藩藩主岛津家久(忠恒)以及仙台藩藩主伊达政宗,则都被封了从三位的权中纳言。

余下因人多官小不宜浪费篇幅等原因,故而省略不谈了。

此外,德川秀忠原本被决定授予三职之一的太政大臣,但因为他的坚决推辞而不得已作罢。

九月六日,风和日丽,万里无云,后水尾天皇正式巡幸了二条城。

走在天子队列最前头的是皇后和子,她由二十名身着礼服的骑马武士为先导,在内大臣二条康道、中宫大夫三条西实条等人的陪同下,坐着牛车,缓缓步入了二条地界。

紧跟在后的是天皇的生母中和门院,跟随在她身旁的有前关白九条中荣等八位公卿。

最后便是后水尾天皇,他在以德川家光为首的百余名大小诸侯的簇拥下,于当天下午4点左右,走进了二条城内。

进城之后不多时,便到了饭点,幕府方面为天子公卿准备了盛大的晚宴。

其中天皇用的餐具从碗筷到牙签都为纯金打造,皇后太后则低一个档次,为金银混用。

席间,后水尾天皇特地从宫中拿来了特供佳酿,分别向德川家光和德川秀忠敬酒。

不过正规的说法应该是"天皇恩赐美酒于秀忠公和家光公"。

顺道一说，晚宴的主持者是土井利胜和酒井忠世。

九月七日，同样也是万里无云的晴朗天，在用过早餐之后，德川家光代表幕府向天皇献上了一份厚重的礼物——银三万两，时装两百套，香料木一整段，金线丝绸百匹，红线丝绸两百斤，玳瑁三十块，麝香五斤，宝刀一把。

此外，幕府还给皇后和皇太后各自送去了白银一万两，时装一百套，沉香七十五斤，红线丝绸一百斤，绯红丝绸百匹，白绫五十匹，麝香两斤。

而女一宫则收到了白银三千两，时装三十套，金丝十卷，金银五百斤。

女二宫的礼物是白银两千两，时装二十套，金线十卷，金银五百斤。

给皇家的礼物，就是这些。需要解释说明的地方有两个：第一，女二宫，是后水尾天皇和皇后和子之间继女一宫后生的又一个女儿；第二，两位公主收到的所谓"金银五百斤"并非真金白银，而是镀金镀银的玩具娃娃。

收完礼物之后，天皇又在城内欣赏了大型歌舞表演，看到妙处，还亲自和众公卿们一起弹奏乐器，与民共乐。

晚上，又举行了盛大的酒宴。

九月八日，依然晴朗，吃过早饭后，德川秀忠代表自己向天皇、皇后、太后、公主等人献上了礼物，礼物的品种跟数量和昨天家光送的差不多，故在此不多做复述。

这天下午，天皇应邀登上二条城的天守阁向远处眺望，随后又在秀忠和家光的陪同下观看了公卿之间的马球大赛和蹴鞠大赛。

在傍晚时分，二条城内又举行了盛大的和歌会。

和歌会后，仍是晚宴。

九月九日，正值重阳节，二条城内举行了盛大的能乐会，请来了当时日本最负盛名的几个能乐师傅前来表演。

歌舞表演之后，照例召开了宴会。

但天皇却婉言谢绝了。

"朕……朕……喝……喝……不……下……了……"天皇按着自己的脑袋说道。

连日来天天早中晚三餐都被人轮番敬酒的他,已经都快要酒精中毒了。

但武士们却不依不饶地连拖带拉把天皇架进了会场,虽然事先反复声明说皇上今儿个只要您作陪不用您喝酒,但真的到了开宴之后,可怜的天子又少不了被灌得瘫软在地。

九月十日,也就是巡幸的最后一天,后水尾天皇再度登上天守阁遥望四周,看着秀丽的山川大河,忍不住振臂一呼:

"老子终于能回家了啊!"

这也难怪,平日里养尊处优除了趴着还是趴着的天皇,冷不防一连五天天天跟大明星公演似的这么上蹿下跳地连轴转,身子骨早就累坏了。

这天,在幕府的热烈欢送下,天皇起驾回宫,标志着活动圆满结束。

在这场博弈中,幕府总算是获得了压倒性的胜利,家光取得了他爷爷家康都不曾取得过的好成绩。

此事的历史意义在于虽然从客观上来讲幕府仍然是朝廷的臣下没错,但在当时的人们的心里,家光的位置已经悄然立于那位后水尾天皇之上了。

然而,就在京都一片欢腾的当儿,江户那边却出了大事。

第八章 女人和武士

阿江夫人病倒了。

根据医生的说法，很有可能再也起不来了。

或许是因当年高龄生产，这一年54岁的阿江夫人长期以来身体就一直不怎么好。

二条城的秀忠和忠长在收到消息的当天，便连夜赶了回去。

家光晚了几天，没和他们一起走。

等先头那两个到的时候，阿江已经不行了。

医生给出的建议是有什么话就快说吧。

先进去的是德川忠长。

阿江拉着他的手，用很微弱的语气说了三个字：对不起。

"如果不是我当年那么宠你，或许你哥哥就不会像现在那样不喜欢你，我死后，你千万别再惹他生气了，不然，吃亏的只能是你自己。"

忠长哭得很伤心："孩儿记住了，孩儿一定不会让兄长不高兴。"

阿江很艰难地笑了笑，拉住了儿子的手："不要再叫兄长了，他是将军。"

忠长点了点头。

之后，德川秀忠进了屋子。

他依然和从前一样，微笑着宽慰阿江说你的病只是小病，好好休息便会好起来，没事的。

阿江摇了摇头，然后笑了："大人，谢谢你。"

"谢我作甚？"

"阿江能够生活得如此幸福，全都是因为大人。"

"你……你在说什么啊。"秀忠喃喃道，"我能够有今天，家光能够当将军，和子能当皇后，这一切和你都分不开关系啊。"

"大人您过奖了。"

一阵很剧烈的咳嗽之后，阿江已经变得相当虚弱，秀忠见状便打算离开，好让她安静地一个人休息，但却被一把拉住了袖子。

"大人，阿江还有最后一个问题想问大人，希望大人能如实告诉我。"

"嗯……你问吧，我一定实话实说。"

"当年见性院那里的那个叫幸松的男孩，是不是大人的儿子？"

一阵沉默。

阿江的眼睛看着秀忠，而秀忠也同样直视着阿江的双目。

良久，他缓缓地开了口："不是。"

"当真？"她依然像以前那样爱怀疑他。

"当真不是。"

她笑了："大人，真的谢谢你，在你身边，我很幸福。"

他也笑了，但什么都没有说。

宽永三年（1826年）九月十五日，阿江夫人去世，享年54岁。

她被安葬在江户的增上寺，同时也在那地方给造起了一座六角宝塔用于祭放灵位，并赐戒名崇源院。

平成二十三年（2011年）的时候，日本年度历史片大河剧播放了《江·公主们的战国》，说的正是关于这位奇女子的故事。不过我没看，所以也不方便评论或是吐槽，我只来说说我自己的看法。

或许有人会觉得这是一个心胸狭隘喜欢吃醋，偏心溺爱次子，占有欲极强甚至还有些坏心肠的女人。

对此我不否认，阿江确实会经常抓着老公的一星半点儿的蛛丝马迹不放，比起竹千代来确实更爱国千代，爱国千代之余甚至会无视祖宗大法，这些都是确有其事。

但这并非是阿江的全部。

纵观她的一生，你会发现，其实这个很作的女人她所做的一切，只是在追求自己的幸福而已。

这是一个几乎完全不把女人当人的时代。在这个时代，女人的所谓的幸福永远只能体现在男人身上——或嫁人之后以夫为贵，或生产之后以子为贵，至于其本身，不过是工具而已。

更为可悲的是，面对这样的命运，大多数女人都选择了认命，她们唯一能做的，就是向天祈祷，好让自己嫁得好生得好，以便吃得好穿得好。所谓幸福，仅限于此。

但阿江却并没有选择屈服，在她看来，女人的幸福绝不能靠男人来实现，而是要用自己的双手来让自己和自己的家人幸福。

所以她才会死盯着自己的丈夫，在夫妻之间的一些关键问题上比如找别的女人生儿子之类，寸步不让，连德川家康都奈何不了她。

一个女人死死地看着自己的丈夫，这有错吗？

同样道理，当德川家康从阿江手里夺去了竹千代后，她将母爱转移到了次子国千代身上，同样也是无可厚非的——不光是因为儿子不会像女儿那样远嫁他乡，更重要的是，她要保护这仅剩下的唯一的孩子，不能再让他被任何人夺走。

这是一个一生都同时代斗争，在追求自己幸福的女人。

虽然确实很作，但她没有理由受到半点指责，至少我是这么认为的。

阿江去世后，江户的后宫大权，尽归了阿福的掌握。

虽说是已经到了万人之上的位子，但阿福在大多数时候，依然和从前一样，只管着家光的身体健康，其他的基本不问。

其实也没啥好问的，人家管后宫，一般管的都是姑娘们的争风吃醋，这德川家光根本就不爱姑娘，连碰都不碰，连吃醋的基础都不存在，那当然是没得好管。

不过从历史经验上来看，但凡女人在称霸全是女人的后宫之后，便会非常自然地跻身男人的行列，参与以男人为主的政治斗争。

阿福也不例外。

话说在宽永五年（1628年）的八月十日，幕府重臣井上正就正在江户城中行走，突然背后就响起了一声怒喝："井上正就，武士一言，驷马难追！"

接着，有人冲上来就是一刀。

猝不及防的正就便这么被砍倒在了血泊之中，并且当场死亡，享年51岁。

凶手被随即赶来的大内护卫制服，他的名字叫丰岛信满，是一名普通的幕府直臣，俸禄一千七百石。

这是江户时代第一件发生在江户城内的刺杀事件，所以幕府各方面的神经一下子就被绷了起来。

在经过数日突击审讯之后，这起看似莫名其妙的凶杀案的背后真相，终于慢慢浮出了水面。

且说井上正就有个儿子叫井上正利，因为正值婚娶年龄，所以跟幕府的另一位家臣岛田直时的女儿定下了亲缘，而在两家之间牵线搭桥的媒人，是丰岛信满。

本来双方都说得好好的，连办酒席的日子都给定下了，可不知怎么搞的，井上正就突然就反了悔，说是自己的儿子身体不好不宜结婚，这门婚事要不就算了吧。

岛田家虽然有诸多不满，可看着对方要死要活地不肯结婚，觉得也实在不好强求，于是便应了井上家，退了这门婚事。

然而没想到的是，之前还口口声声说自己儿子不适合讨老婆的井上正就，在婚事被取消之后没多久，便又给井上正利安排了一门亲事，这次的对象是鸟居成次的女儿。

鸟居成次乃德川家重要家臣鸟居元忠的三男，坐拥三万五千石领地的大名，那门第自然是比岛田家要来得高。说到底，什么不宜结婚之类的都是假的，他井上正就只是舍低求高地势利了一回罢了。

而在井上家和鸟居家之间牵红线的红娘，不是别人，正是阿福。

此事在当时闹得还挺大，江户城里的大伙虽然明着不好讲，但背地里都在窃窃私语说井上正就不是个东西。

同时背后挨人千夫指的，自然也少不了阿福。

但岛田直时是个好人，他并没有在意，甚至还觉得，能够找到门第比自己高的儿媳，对于井上正就来讲，兴许还真是一件好事。

可他错了。在这门婚事中，还有一个受害人，那便是做媒的丰岛信满。

信满觉得自己这辈子好不容易保一回媒结果却弄成了这般鸡飞狗跳，实在是有够坍台的。顿感武士尊严荡然无存的他，决定报仇雪恨。

本来我估计他还想连阿福一起做掉的，可无奈大奥进不去，于是也就只能弄死一个是一个了。

因为井上正就是重臣，故而他的死引起了将军德川家光的高度关注，专门召开了会议，讨论如何善后。

这个会议阿福也有参加，不过并非自愿，而是在几个与会成员的强烈要求之下才不得不出席的。

很多人都觉得，丰岛信满之所以会杀人，是因为好不容易做的媒给弄黄了，而从中捣乱导致他黄了媒事的，是阿福，所以此次杀人事件的罪魁祸首，应当算在阿福的头上。

持有该观点的人里，立场比较坚定也比较激进的，是一个叫酒井忠胜的人。

在当时的幕府里，同时存在着两个叫酒井忠胜的人：一个是德川四天王之首酒井忠次的孙子，全名叫酒井左卫门尉忠胜，是出羽国（山形县）庄内藩的藩主，生于文禄三年（1594年）；而现在这个正在开会并憋着劲儿准备批斗阿福的，全名叫酒井赞岐守忠胜，系若狭国（福井县内）小浜藩藩主，生于天正十五年（1587年）。

小浜藩的酒井忠胜，是家光的监护人，从他还叫竹千代这个名字的时候开始，便被秀忠选为近臣。

只不过当时竹千代并不受待见，弟弟国千代的人气比较高，很多竹千代身边的人也都会跑到他弟弟那里去，时不时地套个近乎。

但唯独酒井忠胜是个例外，他不管外面吹的是什么风，其他的人多么待见国千代，自己却坚持竹千代才是真命天子这一路线不动摇。却说有一次竹千代生病，厨房里正熬着药，酒井忠胜跑过去看火候，正在这时候，他碰上了专门料理国千代膳食的某位家臣。

因为当时国千代正得宠，所以这位家臣也颇有点"小人得志"，看到酒井忠胜连招呼都不打一下，就吩咐厨房说，赶紧准备吃的，国少爷饿了。

厨房的回答是大伙正在按照医嘱给竹千代少主煎药呢，您稍候。

不承想这家伙一听这话当时就不满了，立刻嚷嚷着表示，竹千代的药算什么呀，这节骨眼上，当然是给国千代少爷准备点心才是正事。

听到这里，酒井忠胜再也忍不住了，冲上去便对着那个家臣狠命踢了一脚，然后怒道："你这混账，想死吗？"

那人挨了踢又遭了骂，虽说是想反抗，可他知道酒井忠胜怎么说也是三河酒井家的人，而且武功高强——至少比他高，更何况又是竹千代身边的人，故而不敢像刚才对厨房的仆人那样嚣张，只是捂着疼处，碎碎念地道你这人怎么那么没素质，上来就踢？亏你还是少主的监护人呢。

可酒井忠胜却是不依不饶："竹千代少主现在正在生病，而你们居然还想着吃点心？你也不怕你们家的那个少爷吃了这点心遭天谴活活噎死？！"

这话凭良心讲是真够毒的，以至于那位家臣当场就走了——直接去了德川秀忠那里告御状了。

诅咒将军的儿子，不管咒哪个，都是一种罪过。所以当酒井忠胜接到秀忠要他过去谈谈的命令后，甚至已经做好了切腹的觉悟。

但出乎意料的是，德川秀忠只对他说了一句话："从今以后，竹千代就拜托给你了。"

这是对于他的那一份忠诚的认可。

顺便一说，前面我们提到过的，当年竹千代跟着他叔叔松平赖房深夜出去吃霸王餐，跟在后面贴身保护并且即时付账的，正是酒井忠胜。

话再说回现场。

当大伙坐下来之后，酒井忠胜便很不客气地指着阿福说道："你是在知道丰岛大人为井上、岛田两家做媒的情况下，还出手搅局的吧？"

面对指责，阿福显得很淡定，点了点头表示自己确实知道这事儿，那又怎样？

"如果不是因为你，丰岛大人又怎么会做出这样的事情？"

"这真是一派胡言！"被光明正大地泼了一身脏水的阿福按捺不住，提高了嗓门，"所谓婚姻，就是要反复计算反复思量的事情，不光要想到人情义理，关于自己家族的未来长久，也是非常重要的。更何况双方只是有个初步约定而已，凭什么就不能让人重新考虑？"

这里需要指出一点的是，在那个时代的日本，婚姻大事一般都是父母之命媒妁之言，尤其是在上流社会，自由恋爱虽然不是没有例子但通常来讲是几乎没可能的，而决定婚姻的要素，并非是有没有感觉有没有感情，而是门第、家产。

故而站在时代的立场来看，阿福所做的事情，并没有什么大错。

但酒井忠胜却并不这么看："你这样做，岂不是很不公平？"

"你是说岛田家吗？他家的那个女儿，我也会负起责任，再给找一户好人家的。"

"那么丰岛信满呢?你就没有考虑过他的感受吗?!"

"他的感受跟我有什么关系?我是一个做媒的,既然拆散了一对,那么只要顾全那一对即可,至于他们原本的媒人,那又关我何事?"

"你怎可这样……"酒井忠胜很是愤怒,几乎拍案而起。

"够了。"家光打断道,"不管这件事情的起因如何,他丰岛信满在江户城内挥刀,还刺杀重臣,都该是个重罪吧?"这是一句实在话,所以没有任何人持有异议。

同时家光也是在告诉家臣诸君:这是丰岛信满一个人的责任,跟阿福无关。

众人当然知道领导的意思,于是非常识相地自动进入了下一个议题:如何处理凶手。

首先,这铁定是死罪,不必多议,问题在于怎么个死法,死几个。

金地院崇传提议说,丰岛信满罪大恶极,一人死不足以抵其罪,应该要全家陪着一块儿下地狱。

家光没有表示反对。

"万万不可!"一个声音响了起来。

还是酒井忠胜。

"虽然丰岛信满确实罪该万死,可在下依然希望将军大人能够考虑到他是为了报仇的动机。对于武士而言,尊严比什么都来得重要,别人不明白,同为武士的将军大人应该明白啊!"

言下之意就是金地院崇传你个秃驴懂个鸟。

眼看双方争执不下,家光把目光投向了天海:"大师,你看呢?"

"将军大人,老衲想问一个问题。"

"问吧。"

"将军是希望自己的家臣是一个个具备武士之魂的武士呢,还是只想让他们成为一个个没有任何主见,失去精神的匹夫?"

"当然是前者。"

"那就请将军赦免丰岛信满的家人吧。"天海说道,"虽然在江户城内行凶的确是很大的罪过,可井上正就是拿着数万石俸禄的诸侯,平日里走进走出都有大量的护卫跟随,真想要刺杀的话只能选在防备相对最弱的江户城内。他丰岛信满明知触犯天条可依然选择为了尊严而报仇,此风虽不可长,但这种精神却是相当的可贵,更何况人是信满一个人杀的,要株连全家也未免过分,所以,还是宽大为怀吧。"

家光沉吟了大概三四分钟后,默默地点了点头。

就在这一天,幕府针对丰岛信满下达了处分命令:断绝家嗣。也就是让丰岛家的当主和嫡子自尽。

至于他的其余家属,则一概不问。

此事到此就算画上了一个句号了,虽然并不圆满。

这一年的十月二十三日,岛田直时切腹自尽。

原因是此人一直觉得如果当时没有答应丰岛信满让他做媒的话,那么谁都不会死于非命了。在这种自责的压力下,他最终选择了自我了断。

这真的是一个好人。

此外,尽管江户时代的婚事看重的确实是门第财产没错,但武士之间恪守约定也是非常重要的,所以破坏了这种约定的阿福,在武士们的私下议论中,饱受恶评。

当然,老太太根本就无所谓。

在她心里,唯一有分量的,只有家光一人。参与政务,拉拢重臣,目的也只有一个,那就是更好地巩固家光的统治。

但家光却很不争气,我指的是身体很不争气。

第九章 家人

这熊孩子又病了,而且得的还是当年的不治之症——天花。

天花这种病的病理病态和临床表现我们在此就不多说了,毕竟我们这书不是医学丛书,关于此病要告诉你的也就一句话:在当时,关于天花没有任何有效的治疗手段。

不过倒也不是百分百的绝症,因为这病多少还有一点点自己痊愈的概率。

至于概率有多大,因人而异,换言之就是一旦得了天花唯一能做的就是干躺着等,要么自己好起来,要么就死翘翘。

没有人可以例外,即便是征夷大将军。

如果你觉得干等着比较寂寞的话,也可以找点别的事情做做,比如求神拜佛什么的。

至于是不是会灵验,这个我就不敢说了。

宽永六年(1629年)四月,阿福只身去了一趟伊势神宫。

伊势神宫位于伊势国(三重县),是日本最具盛名的神社之一,虽不敢说是有求必应,但也基本靠谱,从名字中便能看出其特殊性——别的神社都叫神社,唯独它叫神宫。

在神宫里,阿福向神祈祷,请求神灵保佑家光病体痊愈,同时再保佑他一辈子平安健康。

这是很常见的祷告词,通常我们去庙宇道观都会这么说。

可阿福的不同之处在于,当她说完了以上这些后,并没有结束祈祷,而是继续开口道:"只要将军能够一生无难,我愿意终生不饮汤药,就算得再重的病,也不后悔。"

这就类似于我们今天发的一些诸如"要是能让我这次考试通过,我以后上课再也不看漫画,就算那本漫画再好看我也一定熬到下课再看"之类的誓言。只不过,比起我们这种只肯拿上课开小差时间来换取考试通过的那一份小家子气,阿福却是愿意用自己的生命来换取家光的健康。

这种用发毒誓来许愿的方式在日本其实也不算少见,只不过多用于自己或是自己的至亲,像阿福那样为了一个和自己没有一丝血缘关系的人却立下如此重誓,是极为罕见的。

而且,在我们的世界里,有太多的人在试卷发下来之前求爷爷告奶奶说自己以后再也不敢逃课再也不敢上课睡觉,可一旦拿到试卷发现自己及格了之后便再立刻把誓言忘了个精光以后继续该逃的逃该睡的睡,可阿福却是真的说到做到了。

在这次祈祷过后,即便是生病,她也真的再没有吃过一次药。

或许真的是上天有眼,家光的天花很快便消退了下去,身体也渐渐地康复了。

整个江户城也都从悲伤中走了出来,大家的脸上又出现了笑容。

不过,在家光危在旦夕的那会儿,有一个人却载歌载舞,高兴异常。

那便是德川忠长。

这小子一听说自己亲哥得的是天花,便立刻联想到了棺材和骨灰盒,同时还认为一旦家光蹬腿走人,那么将军的位置一定会落到自己手里。

故而这小子就这么亢奋上了。

不过这家伙有点不着调,若是别人的话,即便高兴,那也是背地里暗自偷笑,可忠长却似乎是认定了家光命不久矣,所以居然大鸣大放,大白天在自己家里大摆酒宴,喝了个烂醉然后仰天长笑,有家臣实在是看不下去了,上前劝说,可他却一嘴酒气满口嚣张地回道:"老老老子马马马上就就就是将军了,怕怕怕他他个鸟!"

这一切的情况其实都被幕府掌握在手里,家光不省人事的时候虽然没人敢说,可等他病一好,大家便都来告状了。

家光在听过之后,显然不会太高兴。

他很想当场就叫人把忠长那兔崽子拖进来打一百大棍,可终究还是忍住了。

毕竟,德川秀忠还活着呢。

可不闻不问当作不知似乎又不甘心,自己怎么说也是堂堂将军,让人背后这么讲得跟孙子似的结果自己又装孙子当不知道,这怎么可能嘛。

这一年五月上旬时分,德川家光在江户城内举行了一场盛大的宴会,目的是为了庆祝他身体康复,参加者基本上都是身在江户的至亲与重臣,而正巧因事在城中逗留的忠长,自然也被应邀出席。

因为事先摆明了有说过是为了庆祝将军天花痊愈,所以席间的气氛非常放松,人人都捧着个酒杯挨个给家光敬酒道贺,家光也来者不拒,非常实诚地来一杯喝一杯。

喝了半晌,也就有些醉了。

家光摇摇晃晃地离开了自己的位子,步伐混乱地在屋子里晃悠了几步,然后来到了自己弟弟的跟前。

完全没有心理准备的忠长还以为哥哥要来跟自己干杯,连忙双手捧起酒碟,还准备起身。

但谁都没想到的事情发生了。

家光抬起了自己的脚,然后一脚踏在了忠长跟前放酒菜的小案子上,发出了"咣"的一声巨响,菜碟子都被震到了地上。

于是周围都安静了,包括德川忠长在内的所有人都不知道家光想干什么,大家只是傻傻地盯着他,然后静静地等着他的下一步动作。

"忠长。"家光开了口。

"在。"

"你……看到这鞋了吗?"家光一边说,一边指着自己脚上的那只木屐。

"啊……我看到了。"

"这个鞋……怎么样?"

"兄长的鞋……"忠长一下子不知道该怎样形容,略微思索之后,说了句废话,"兄长的鞋很漂亮。"

"嘿嘿嘿……"家光笑了起来,"你也觉得很漂亮是吧,可这漂亮的鞋现在被酒水给弄脏了,忠长,你看到了没?"

顺着家光手指的方向,忠长确实看到了一片小小的酒渍,附着在木屐的鼻绪(也就是用来夹脚趾的那根Y字形绳子)上。

于是他点了点头:"确实有些脏了。"

"你给我把它擦干净。"家光这话说得非常自然,没有丝毫犹豫。

"啥?"忠长一下子没反应过来。

"我让你把我的鞋擦干净,你听不懂吗?"

"这……兄……"

"谁是你兄长?"家光笑了,"老子是将军,你不过是老子手底下的家臣而已,别把自己太当东西了,赶紧,擦。"

忠长用一种相当苦大仇深的眼神看着家光,慢慢地,眼里还渗出了点点泪花。

但家光的眼睛里却是充满了毫不在乎的笑意。

双方僵持了大约十来秒,忠长从胸前摸出了怀纸,然后慢慢地弯下了腰。

穿过木屐的人都知道,木屐的鼻绪通常都是布做的,家光出身尊贵,故而用的是丝绸,这玩意儿一旦酒泼在上面有了酒渍,那么一般的怀纸显然是很难将其擦去的。

所以忠长擦了好几下，酒渍依然是酒渍，没有消除半分。

"连擦鞋都不会，你说你个没用的东西还能干吗？行了，滚吧，别给老子找不自在了。"

说完，家光的脚离开了小案子，又晃悠晃悠地回到了自己的座位上，跟什么事儿都没发生过一般继续吃喝了起来。

那一天，德川义直、德川赖宣、松平赖房等一族亲戚以及土井利胜、稻叶正胜、酒井忠胜等外姓家臣全都在场。

对于忠长而言，这比在骏府挨骂还要丢人，毕竟那会儿怎么说也算是自己有错在先，而这一回，则是没有任何余地的赤裸裸的羞辱。

宴会结束后，德川忠长回去大哭了一场。

自阿江死后，他的待遇一天不如一天，心情也一天比一天更差。以前不管怎样受了委屈还能去找妈妈，可现在身边连个说话的人都不知道，即便是近臣，也不知道他们会不会一转身就把自己的牢骚给打了小报告。

想来想去，他决定去找爸爸。

当忠长把宴会上所发生的一切都原原本本告诉了没有出席的秀忠后，后者却只是淡然地笑了笑："他是将军嘛。"

"兄长根本就是在讨厌我，难道您不觉得吗？"

"哈哈，哪有这回事，你要有空就去干点什么，别整日里胡思乱想。"

"请父亲大人跟兄长说一下，让他不要再讨厌我。"

"忠长。"秀忠的脸上不知何时已经失去了笑容，"你在让我去给你说好话之前，应该先反省一下自己，家光在生病的时候，你都做了些什么？你以为我真的不知道吗？"

"可是……可是……"忠长支吾了半天，突然想到了什么，"可是，兄长也在背后说您的坏话，他一直说，大御所既然已经隐退，为何还要赖在江户城里不走。"

德川家康当年把将军之位传给秀忠之后，自己便隐居去了骏府城，可秀忠在让家光继位后，自己却仍然住在江户城的西之丸里头，不过家光对此并没有感到什么特别的不爽，而是采取了一种认可的态度。

至于德川忠长说那样的话，纯粹是小儿科的挑拨。

于是德川秀忠又笑了："忠长，这样的挑拨之言一旦传出去，家光又要拿你开刀了。"

"兄长他本来就……"

"都说了多少次了，他不是你兄长，是你的主公。"秀忠的语气非常淡定，但却充满了杀气，"你得明白，只要他稍稍动一下心思，你便会人头不保。"

忠长没想到自己那颗寻求宽慰的心居然被如此打击，一下子说不出半句话来。

而秀忠却完全没有打住话头的意思："我知道，你一直觉得自己既然是将军的弟弟，就应该得到更多，永远都不知道满足，我听说你私下里甚至一直在说想要大阪城，你是不是觉得自己要得太多了？"

"可我是将军唯一的弟弟，想多要一点又有什么不对？"

"你错了，首先，对于人而言，不知足即是罪；其次，你也绝非将军'唯一'的弟弟。"于是德川忠长再一次被震惊得说不出话来。

"我还有一个儿子，叫幸松。"反正阿江已经不在了，秀忠再也没有了顾忌，"虽然他现在情况如何我也不是特别清楚，可同样身为我德川秀忠的儿子，跟他比起来，你的不知足已经到了一种可耻的程度，你明白么，忠长？"

接受了太多心灵冲击的德川忠长已经记不清自己这一天究竟是如何离开秀忠的屋子的，他只是萌生了一种前所未有的无助和迷茫——不知道自己今后会变得怎样。

而幸松，这一年已经 17 岁了，名字也改了，叫保科正之。

话说自当年阿江让常高院去尼姑庵打探了之后，见性院便深感自己这里并不安全，决心把孩子送人抚养，在得到德川秀忠的同意之后，她便开始寻找起了合适的人选。

元和三年（1617年），经过缜密考虑，年仅6岁的幸松被送到了信浓国（长野县）高远藩的保科家。

当时保科家的当主叫保科正光，是武田家的旧臣。他有个爷爷非常著名，叫保科正俊，因为擅长使长枪，故人送外号枪弹正，和武田四天王之一的逃弹正高坂昌信，真田幸村的爷爷外号攻弹正的真田幸隆一起，并称为战国三弹正。

武田家灭亡之后，保科正光投了德川家康，成了一介家臣。

应该说他对于德川家是相当感恩戴德的，而且对于旧主武田家，也是念念不忘。

故而当见性院找到正光说明来意之后，正光没有二话，当场就表了态，说这孩子你尽管放心地拿我这儿来吧，我一定把他当自己的儿子来养。如果以后有朝一日，将军把孩子要回去，我一万个乐意，可要是将军这辈子都不认他，那我也毫无怨言，就让这孩子继承我保科家。

他还真是这么做的。

话说保科家其实当时已经有了继承人，那便是正光的侄子保科正贞，他也是正光的养子。

但幸松进了保科家后，正贞的继承人地位便被取消，成了普通的一介养子。

知道了这一切的秀忠非常感动，他打算事隔十八年后和自己的儿子重新相认，同时再好好感谢一下保科正光。

不过这事儿果然还是得先跟家光说一下比较好。

然而，当秀忠在特地挑了一个黄道吉日，焚香沐浴后一脸凝重地跑到家光那里，用异常磁性的男低音告诉他你其实还有一个亲弟弟时，却换来了那小子的一脸不屑。

家光看了自家老头一眼，然后说了一句让秀忠差点背过去的话："父亲大人,您怎么才说啊,我都以为您不打算要他了呢。"

"你……你……"秀忠一时间不能言语。

"我早就知道了啊,您在外面还有一个私生子,瞒着母亲大人的。"

"你为什么会知道?!"

"父亲大人,这并不是什么秘密啊。"

其实是土井利胜告诉家光的。当然,家光是个人品比较过硬的人,还不至于出卖老同志。

虽然秀忠很无语,但不管怎么说,家光迟早也是要知道这事儿的,更何况即便知道了也没什么大碍,毕竟儿子不是老婆阿江。

所以秀忠很快又恢复了淡定,表示自己打算跟幸松见一面。

家光立刻点头,称这是好事,同时又说,自己也想看一看这个弟弟。

双方意见一致,便立刻付诸行动。

宽永六年(1629年)夏,18岁的保科正之第一次走进了江户城,也第一次看到了自己的父亲。

看着眼前的这个儿子,秀忠的眼神充满了爱意,也充满了歉意。

他一句话也说不出来,只是对周边的家臣小姓一遍遍不断地重复着一句话:"这是我的儿子啊,我的儿子。"

同时他还会拉着每一个人问道:"你们看,他跟我像不像?"

周围人当然没有一个敢找死说不像的,可不管对方是真心还是假意,只要听到说"像",秀忠都会高兴得笑起来。

见完了亲爹之后,便是亲哥。

对于保科正之的到来,德川家光表示了莫大的欢迎,他甚至还召集了群臣一起举行了一个欢迎宴会,席间指着土井利胜问道:"你还记得这个人吗?"

正之很羞涩地笑了笑,低着头说知道这是土井大人,但不知为何将军要问"记得不记得"?

"他就是当年每个月给你送生活费来的人啊!"家光一边笑一边

说道。

这种态度，和对待德川忠长的时候判若两人。

"以后你再也不用有什么顾虑了，可以光明正大地来这江户城见我和父亲大人。"家光说道。

"不胜感激之至！"保科正之说这话的时候，头压得特别低，仿佛自己并非是将军的亲兄弟，而只是一名普通的家臣。

在这个世界上，面对任何利益名誉，如果你能够抱有一种"这并非我该得"的心态来面对，那么必定会受到众人的喜爱。

反之，若是样样东西都觉得是自己应得的，都认为是别人欠自己的，那必将被全世界给抛弃。

反面教材我们待会儿就会说到，在此先说一点别的事儿。

天皇退位

第十章

这一年十一月,在京都的皇宫里,后水尾天皇召集群臣于御座前,然后宣布了一个令人震惊万分的消息:他要退位。

而接班人,则是女一宫。

此言一出自然是举座皆惊,有还没被惊倒在地的大臣趁着清醒,问了一句:"关东方面呢?给他们旨意了没?"

这话不说倒还不打紧,一说天皇就怒了:"朕要退位,和幕府有甚干系?!"

不过幕府还是很快就得到了风声,由于事发突然,于是也乱成了一团。

大家最想知道的是,天皇到底为何要退位。

一般的说法是全拜阿福所赐。

话说在伊势神宫给家光祈福完之后,阿福又顺道去了一趟京都,先是以将军代理人的身份见到了皇后和子,接着又要求和子帮忙通通路子,让她以同样的身份去见一下天皇。

和子并不知道阿福为何要去见天皇,她只知道阿福这样是绝对见不到天皇的。

因为在日本,天皇是一个半神的存在,要想见他,必须得有相当的官职,不然想都不要想,而且这是死规矩,只要想见天皇就必须遵守,无论见他的是人还是别的啥。

不要以为我跟你在扯淡，我说的都是真的。

话说在一百年后的享保十三年（1728年），越南为了对日本表示友好，特地向当时的第八代江户幕府将军德川吉宗献上了一公一母两头大象。母象因水土不服刚到日本就死了，公象则被送往江户送给德川吉宗，结果没想到在半路上让当时的天皇中御门天皇给得到了风声，颇感有趣的天皇便吵吵着要看大象，于是手下公卿为了满足皇上看一眼大象的欲望，连夜给这头公象弄了一个官，叫广南从四位白象。

广南就是越南的意思。

事实上皇宫里养的一条狗一只猫，那也是有官位的。

所以在和子看来，出身白丁的阿福想要见天皇，那是根本不可能的。

但阿福倒是自信满满，表示娘娘别的您就不用管，您只用帮我去跟皇上吹吹风就成，至于天皇最终要不要见我，那在他不在您。

话说到这份儿上，皇后也不好意思再拒绝，只得答应了下来。

可结果没想到第二天她跟后水尾天皇一说，天皇居然答应了，这让和子大为诧异。

后来她才知道，阿福早在找自己之前，就已经上下打点了大多数有地位的公卿，买通他们一起向天皇施压，迫使天皇来接见这个名为将军代理人实际上只不过是个平头老百姓的普通老太太。

当年十月十日，阿福顺利进宫拜见了天皇。虽然天皇对于不得不见这位欧巴桑一事一直都没啥好脸，可老太太却仿佛浑然不觉，刚和皇上打过照面，便非常肆意妄为地提出，要对方亲自为将军的健康向天祷告，求神显灵，让其痊愈。

不仅如此，阿福还提出，要求皇家的乐队专门为家光演奏祭神的乐曲，以期将军能早日康复。

这一切的一切，后水尾天皇都忍了下来，没有当场发作，甚至还非常宽宏大量地赐了阿福一个名号——春日局。

但显然，他对于老太太借着幕府的名头如此藐视朝廷是相当不满的。

可又无力反抗，于是便只能用退位这一极端的手法来表达自己的羞怒之心。

虽然以上说法是目前普及率最高的——我之前查了查发现百度百科上面都是这么说，但实际上这却并不是事实。

后水尾天皇之所以要退位，跟春日局本人没啥干系，和幕府的藐视也关系不大，其真正的原因是因为他不想在这种被幕府步步紧逼的形势下，再让幕府的血液流入皇室。

后水尾天皇跟皇后和子之间的夫妻关系非常好，除了女一宫和女二宫这两个姑娘外，其实他们还有过两个儿子，只不过非常不幸的是，两个男孩都没能活长久：一个叫高仁亲王，出生8个月就夭折了；另一个连名字都来不及取，刚刚生下即离开了人世。

两个皇子怎么死的，至今没人说得清楚，但至少可以肯定的是，那两人中的任何一个只要活了下来，那么必定会是将来的天皇——于情于理都是这样。

换言之，德川家的人，会成为天皇。如此一来，朝廷将会被幕府掌控得更加牢固，更加没有翻身的机会。

这是后水尾以及广大不喜爱幕府的公卿所不愿意看到的。

所以就有人给天皇出了个主意，说皇上您就退位吧，把皇位传给女一宫，这样一来，德川家即便想把血脉融入皇室，也只能到此为止了。

因为根据日本的历史惯例，一旦女性成为天皇，那么她将不能结婚。

这个习惯的渊源比天皇的历史来得更为长久，是从公元3世纪邪马台时代的女王卑弥呼那里传下来的。

后水尾天皇想了想，觉得确实是个没有办法的好办法——虽然难保自己以后跟皇后还会有一定的生男孩概率，但毕竟以后的事情可以以后再说，眼下最重要的，是把德川家混在皇室中的血脉给掐断在萌芽之中。

顺道一说，出主意的那个，不是别人，正是中院通村。

就这样,在宽永七年(1630年)九月十二日,女一宫正式登基成为一代女帝,史称明正天皇。

对此,幕府可说是又气又急。

尤其是德川家光,虽说尚且还没到出兵去灭朝廷的地步,但却也已经做好了跟天皇斗争到底的准备。

可最终却被秀忠给拦住了。

"得饶人处且饶人吧。"他这么劝儿子道,"说到底,武士的使命还是保护朝廷,而不是操控朝廷。"

所以幕府最终还是默认了天皇的让位,只是做了非暴力不合作运动——首先是串联了全日本所有十万石以上的大名,大家联合一块儿不为女帝登基送礼上表祝贺,同时也绝不参加登基大典——这是伊达政宗那个贱人想出来的主意;其次是上奏天皇,说是有宵小之徒故意挑拨公武关系,教唆天皇退位,是可忍孰不可忍,这等罪犯一定要严惩。

罪犯的具体名字没点出来,但世人都知道说的是中院通村。

于是这位硬骨头的武家传奏就被削去了官位,并遭到了幽禁,之前就有提过。

可即便是遭此厄运,中院通村仍是中院通村。

"圣上不用感到不快,您并非凡人,只要您不愿意,那些个武士,根本就不是您的对手。"

临别前,他对后水尾天皇说道。

OK,话说到这里,我们暂时停一停,先来回顾一个曾经提到的话题。

那就是"从某种意义上看,在日本战国时代,最成功的大名是浅井长政"。

浅井长政有三个女儿:茶茶、阿初和阿江。其中老大茶茶嫁给了丰臣秀吉,生了丰臣秀赖;老二嫁给了德川秀忠,生了德川家光和德川和子。

而德川家光成了武门之首的幕府将军,德川和子则成了皇后,并生下了明正天皇。

换言之，浅井长政是二代将军的丈人，三代将军的外公，同时还是天皇的曾外祖父。

再换言之，幕府和皇室里，都有浅井家的血脉。

这可真真才是干得好不如娶（嫁）得好，娶（嫁）得好不如生得好。

第十一章 休假式疗养

这一年年末,正在为朝廷的事情而烦躁不已的大御所德川秀忠,又收到了一个坏消息。

话说在骏河地界,有一处神社叫浅间神社,距当时已有八百多年的历史。在那八百年间,该地一直都是著名的禁杀圣地,也就是说只要来到那里,便禁止一切杀生的行为。

同时,神社因为地处山林,所以附近猴子很多,而猴子在那地方,也有很高的地位,几乎等同于神兽。

然而也不知怎么搞的,最近突然就来了一个混世魔王,整日里跑浅间神社去打猎,而且还专打猴子。短短几天,这人就杀害了猴类一千多只,其恶行令人发指。

这事儿基本就跟你上卧龙山猎大熊猫差不多,是要遭天谴的。

德川秀忠连忙问是谁那么大胆,居然敢干这种事情?骏河的地方官怎么也不管管?

回答说不敢管,因为这猎猴儿的不是别人,正是骏河藩藩主德川忠长。

秀忠愣住了。

他只知道自己的这个儿子会撒娇会哭闹会打小报告,可却从不知道那丫这小子居然还有那么凶残的技能。

震惊之余,秀忠怒问道:"为何身边的家臣都不劝谏?!"

"劝谏的家臣已经被杀掉三四个了。"

秀忠顿感胸闷,并同时安排人手去骏府明察暗访,看看自己的那个宝贝儿子还干了些啥好事。

很快,调查结果就反馈了回来,关于德川忠长,大家一致用了四个字来形容,那就是"劣迹斑斑"。

为了证明自己并非恶意污蔑,调查组的成员们还把具体的案例一桩桩一件件地说给了秀忠听。

德川忠长干的坏事,大致可以分为三种。

第一种比较普通,就是拿身边的人出气。只要他心情不好,不管是家臣还是侍女,都会遭到拳打脚踢甚至是刀砍斧劈,久而久之都没人敢去骏府城当丫鬟。

第二种较为文艺,那便是歌舞大会。这本倒也没什么,只是那歌词有问题,每次忠长唱的时候,内容不是求德川家光早点死就是德川家光没儿子,相当反动,影响也极为恶劣。

最后一种,则是非常的冒傻气,比如说有一次忠长坐轿外出,当时天热,所以那轿子是开放式的,类似于我国的滑竿。四个人抬着轿子正走着,他德川忠长突然就无聊了,拔出了腰间的短刀,对着前面在抬轿子人的大腿狠命就是一戳。

这真的是一个非常要不得的举动,要知道人家正在抬轿子,你这么一戳,那人必然倒地,他一倒地,轿子就失去了平衡,你德川忠长还能安然地坐在上面么?

事实上在那个倒霉的轿夫扑街之后,德川忠长也立刻被从轿子里翻了出来,毫无防备地给他摔了一嘴的泥巴。

更糟糕的是另外三个轿夫一看这情形立刻吓得惊叫四散,搞到最后连个抬轿子的人都没有。

类似的事儿他还干过很多,在此就不一一列举了。

听完这种种事例之后,德川秀忠沉默了。

他跟手下人说，你们先把这事压一压，先别让家光知道，我来处理就行。

可正所谓纸包不住火，事情最终是没能压住，还是被传到了德川家光那里。而且就在这短短的几天里，被忠长亲手杀掉的家臣人数，已经飙升到了10个。

家光又惊又怒，立刻成立了专案组，下令彻查，同时还派人知会秀忠，表示这事儿到此为止，你别再插手了。

宽永八年（1631年）正月，土井利胜跟稻叶正胜为首的专案组来到骏府城，两人先去拜访了一次忠长。

两位幕府的使者首先询问了有关猎杀猴子一事。对此，忠长的回答是猴子太多，仗着所谓的神权胡作非为，经常破坏田地甚至袭击路人，连小孩都不放过，可谓民怨极大，为了百姓考虑，自己才不得不拿起弓箭，为民除害。

这说法凭良心讲确实是合情合理，所以土井利胜也不好说什么，只能再多问了一句："浅间神社乃八百年古迹，你要在那地方开杀戒，为何不事先请示幕府？"

"如果老子杀几个猴也要请示幕府的话，那是不是老子以后吃一顿饭都得提前跟他德川家光打招呼？"刚才还好好的忠长突然一下就变了脸，嗓门也粗了三分，这让利胜和正胜两人着实一惊。

反应过来的稻叶正胜紧接着就怒了："你居然敢直呼将军名讳？！"

"你叫不得，我叫得，我是他亲弟弟。"

"亲弟弟也是家臣啊。"土井利胜开了口，"你的生死，你的一切，可都全在将军的手上。"

"那就赶紧来让我死吧，废话那么多干吗？"

两位使者一时语塞，谁也不知道数日不见这德川忠长怎么就变得怎地了得，这说话的气势简直就跟疯子一般。

对，他会不会是疯了？

土井利胜仔细地端详了一下忠长的脸庞，发现除了比以前消瘦了些许之外，似乎还有点憔悴，但总体来讲还是干干净净整整齐齐，看不出有什么发疯的迹象。

于是他便继续问话，只不过避开了猴子的话题，而是转向了滥杀无辜一事。

"他们都是我的家臣，你土井利胜刚才自己也说了，家臣的生死掌握在主君手上，我杀他们，与你何干？"德川忠长理直气壮地回答道。

纵然是土井利胜，也有些愤怒了。但他毕竟是土井利胜，并没有当场发作，只是很淡定地表示您的回答我们确实都已经听到了，今天就到此为止吧。说完，便带着稻叶正胜行礼告辞了。

接下来的几天里，专案组的成员们在骏河上下展开了调查，主要是向所有接触过忠长的人询问，以便知道这家伙最近到底发生了什么。

得到的结果就是德川忠长近年来行为怪异，确切地说，是自阿江夫人离开人世之后，他的性格便发生了巨大的变化，行为举止仿佛换了一个人一般。

具体说来就是忠长渐渐地变得非常自闭，能够做到一连好几天除了吃饭更衣睡觉之外不跟任何人打交道，而且即便是在做上述事情的时候，也一言不发，不跟任何人说话；同时，除了喝醉的时候会跳个舞蹈唱点反动小调之外，忠长几乎不再有任何娱乐活动或是兴趣爱好，以前的那些喜欢做的事喜欢玩的东西，现在基本上全都戒了；此外，在处理政务方面，年仅二十五六的德川忠长的记忆力和集中力，已经比五六十的老家臣都不如，常常是前一分钟还在说着，后一分钟便会突然忘记在说什么；还有就是他晚上一般只睡一两个时辰就会醒来，醒来之后便再也睡不着，只能干坐着到天明，久而久之，便练出了一双超帅的熊猫眼。

不过，让土井利胜等人感到最为严重的一点就是，不止一个人告诉他们，每当德川忠长一人独处的时候，他便会呆呆地望着天空或是天花板,然后很忧伤地说一句:"如果我没有来到这个世界,那该多好。"

根据以上种种,专案组做出了一致的判断:骏河大纳言德川忠长大人,已经疯了。

不过考虑到他思路尚且清晰,说话的时候尽管语气疯狂但句句犀利,所以这疯的程度得打个折扣,不能说是完全疯癫,只能算作半疯。

话说到这里,想必有点医学常识的同学应该已经看出来了,这忠长所谓的疯癫,用今天的话来讲,其实就是抑郁症。

阿江死后,忠长失去了最大的靠山和最大的精神支柱,从一个备受宠爱的小宝贝变成了谁都不想多鸟一下的路边小草,不抑郁才怪。

虽说如今这毛病搞不好比感冒更加普及,你要不得一个出门都不好意思跟人打招呼,可在当年,所谓抑郁症,其实就是跟神经病一个概念。

事先说一句,我绝对没有对任何抑郁症患者抱有异样的眼光或是别样的态度,但是在江户时代,抑郁症确实被认为是精神疾病的一种,这从土井利胜等人写给家光的报告中便能看出,对于忠长,他们大多都用了这么一个词儿——乱心。

乱心就是疯了的意思。

只不过忠长跟真正意义上的疯了显然还是有点差别的,前面说了,他现在这个样子只能算是半疯。

可正因为是半疯,所以如何处理这小子,就成了一个难题。

按照原先的制度,如果这人没疯,那么肯定是要郑重处罚的;要是真疯了且疯得很彻底,那么倒是可以置之不理,毕竟堂堂幕府他不能跟一疯子过不去。可关键是如今这厮既失去了负全责的心志,却也没到能够逍遥法外的地步,故而总得给他一下子,好让他知道知道厉害。

于是家光召集群臣,问问大家有没有什么好的办法,既能惩罚一下忠长,又不至于让外人看着以为自己是在欺负病患。

大伙考虑再三之后,稻叶正胜提出了一个方案:"是不是把忠长大人给弄出骏府,找一个僻静的地方给关起来,对外就宣称是在疗养?"

不得不说这是一个好办法,家光当即就准了。

当年四月,幕府使者再度光临骏府,向德川忠长宣布了处分结果:德川忠长由家老鸟居成次陪伴着去甲斐休假疗养,在此期间,骏河国则由另一位家老朝仓宣正代为管理。

这位朝仓宣正是土井利胜的妹夫,同时也是战国时代越前国大名朝仓家族的后裔。

当时他也在场,听完之后就问说,要疗养到什么时候?

使者回答,疗养到病愈。

于是宣正又问,如何判断是否病愈?

使者又答:幕府将派人全程一同看护,故而是否痊愈,由幕府说了算。

朝仓宣正不再说话了,对方的意思,他懂的。

而德川忠长却吼了起来,老子没病,老子哪都不去!

使者很淡定地说忠长君,您如此歇斯底里,正是神经病的最好证明,还是赶紧去甲斐放松一下,等病好了再回来继续建设祖国吧。

虽然是一百个不情愿,但终究是干不过幕府的命令,就这样,德川忠长不得不答应,去甲斐疗养。

于是使者便很客气地对忠长的配合表示感谢,然后又说自己这就回江户报告将军,等选定了黄辰吉日,再亲自送骏河大纳言上路。

临别时分,那位使者突然凑近了忠长,干笑了一声,然后说道:"大纳言大人,这一切都是将军大人的命令,你纵然是找人,那也是没用的。"

所谓"找人",指的是数月前,当土井利胜他们来过之后,德川忠长情知不妙,便私下里找了千姬跟松平赖房,求两人为自己去家光那里说说情什么的。

千姬到底是女人家,心肠软,一看到弟弟那可怜汪汪的大眼睛就招架住了,一口承应了下来,说自己一定帮着去吹风。

她当天就写了一封信给家光，只是一直都没有收到回复。

至于松平赖房么……

虽说这哥们儿跟德川忠长之间平素并未太多往来即便往来也无深交，但这一回却是一改常态，非常热情地接待了自己的侄子，然后也答应了去找将军聊聊此事。

事后，赖房去倒是真的去了，只不过并不是去说情的。

当他见到家光之后，先是狠狠吐槽了一番忠长，说他不好好在骏府待着，到处乱窜找人说情。家光一听到这儿，就已经开始火气往上蹿了，接着赖房又说，忠长犯了那么多错，却依然不知悔改，还跑我这里来死缠烂打地让我替他说情，我么一来是看在他是我侄子的分儿上，二来这家伙实在求得紧，我不答应就不让我去上厕所，所以不得已，我应了他，你看，这事儿该怎么办？

说着，他还摆出了一副特别委屈特别为难的表情，看着家光。

于是家光再也按捺不住心头的怒火，跳起来狂叫说这畜生事到如今不思悔过也就罢了居然还敢找人求情？求个屁，看老子不整死他。

松平赖房点点头，表示你是将军你做主，我就是来汇报一下情况而已。

其实不是他心眼坏，而是德川忠长太不要脸。当年阿江活着的时候，忠长曾数度向自己的爹妈打小报告，说松平赖房跟家光走得太近，哥哥之所以不喜欢自己，多半是因为那个怪叔叔从中挑拨，甚至还要求阿江出面对赖房施加压力，要他减少在江户的逗留时间，有空尽量回自己的水户藩领地待着去。

虽然松平赖房很淡定地把嫂子的话给当成了耳边风，但在知道是谁从中作梗之后，自然是心里很不爽。偏偏德川忠长还不知道这事儿，以为自己的小报告打得天衣无缝，所以这次才会相当恬不知耻地跑去找赖房叔叔帮忙。

结果果然被坑了一回。

五月二十九日，德川忠长启程前往甲斐，对外宣称去养病，其实大家都知道，这是幽禁。

德川秀忠虽然一度想阻止家光这么做，但是没成功，家光这一回是铁了心要给忠长点颜色看看，亲爹劝也没用。无奈之余，秀忠只好派了人偷偷跑去对忠长说，到了甲斐之后你要好好的，要夹紧尾巴做人，别再搞那些有的没的了，江户那边，我会帮你说好话的，放心吧。

顺便一说，那个被派去传话的，叫板仓重昌，是当年京都所司代板仓胜重的儿子。不久之后便会有他的重头戏，所以在此先给他亮个相。

第十二章 父亲秀忠

不过秀忠的好话最终是没能说上,因为他病倒了。

根据历史记录的临床表现,现代医学家推测他得的可能是淋巴癌。

病来如山倒,短短几天,秀忠便到了不能起身的地步,他自知大限将至,于是便趁着头脑还算清醒,自己为自己安排起了后事。

所谓后事首先就是见人——让亲人最后看一眼自己,同时也让自己最后看一眼亲人。

当年十月中旬,保科正之进入江户城。在此数日之前,其养父保科正光因病去世,根据幕府命令,正之成为了高远藩的藩主,授三万石领地。

他是去见亲爹最后一面的,仔细算来这辈子父子两人打过照面的次数不超过五次,所以一看到这个小儿子,秀忠便是一脸的愧疚。

他表示自己已经没几天活头了,身为人父,亏欠了幸松太多,虽不敢再向儿子奢求什么尽孝之类,但却依然有一个不情之请,希望幸松能够答应自己。

保科正之点了点头,然后说自己从来都不曾怨过父亲,不是不敢怨,而是压根儿就没怨,至于您要我答应的事情,您就尽管说吧。

"你千万不要记恨阿江。"秀忠说道,"虽然不能把你养育在身旁确实是出于对她的顾虑,但作为一个女人,她并无过错,而且为德川家,她也确实付出了太多。如果你要恨,可以恨我这个懦弱的爹,但希望你千万不要恨阿江,拜托了。"

即便是到了生命的尽头,却仍然在为别人考虑,这便是德川秀忠。

保科正之拉着父亲的手,一句话也说不出来,只是拼命地点头。

数日后,德川义直、德川赖宣以及松平赖房三兄弟也到了江户,除了探病之外,他们四人之间还将决定一件非常重要的事情,那便是第四代幕府将军的人选。

三代将军家光时年26岁,没有孩子,甚至连喜欢的女人都没听说有过,依然是不爱女生爱男生,这个癖好恐怕在他有生之年是改不过来了,所以秀忠打算在自己临死前,把最坏的情况考虑到——如果德川家光在没有子嗣的情况下离开人世,那么将军之位将由谁来继承。

根据德川家康的遗训,一旦将军家没儿子,将军的位置将由尾张德川家或是纪伊德川家的嫡子来接班,事实上这两家的嫡子这一天也都到场了,而且都已经事先见过了家光,还得了赐名——尾张的那个,叫德川光义;纪伊的那个,则叫德川光贞——由此可见,家光本人对于由自己的堂兄弟继承将军一事,也是认可的。

当着三个弟弟和两个侄子的面,德川秀忠郑重宣布,经过自己和家光的讨论,决定在三代将军无子的时候,将军的第一继承人是尾张的德川光义,第二继承人则是纪伊的德川光贞。

说完,他还加了一句:"如果有异议的,可以当场提出来。"

自然是无人提出异议,这事儿就这么算过去了。

在见过了儿子和弟弟们之后,秀忠又召见了众家臣,不过会见的内容相当套路化,是几乎会在每一个临终前的君主榻前上演的桥段——秀忠很认真地叮嘱家臣们要好好辅佐家光,而众臣们则先是客套一番说大御所您不过是小病,很快就会好的,接着估计是觉得这话说得自己都不信,于是便又改了口风,纷纷表示自己一定会做到大御所活着和没活着一个样,对德川家的忠诚永世不改。

我没说他们假,只是觉得这套路真心太常见了。

之后，秀忠又单独和几个重臣进行了交谈，其中包括了天海大僧正。

当时的天海已经是老态龙钟，牙都掉了没剩几颗了，却依然是幕府的辅国重臣。

秀忠看着天海，说道："大师今年已经100岁了吧？"

"103岁。"

"对，对，103了。"秀忠一面估算着一面说道，"都已经过去快五十年了啊。"

天海默不作声。

"人是不是会随着年寿的增加而渐渐地忘却过去的烦恼？"

"将军说笑了。"天海呵呵了几下，"人根本就不可能忘记过去的烦恼，即便表面上再豁达再看得穿亦是如此，甚至还会随着年岁的增加而愈加苦闷，所以长寿也未必是件好事。"

"那世人又为何要追求长寿呢？"

"够不着的柿子，即便是把树砍断了都要尝一尝，人总是对得不到的东西充满了兴趣，可真正得到了，才会发现其实也不过如此，甚至还会觉得失去得反而更多，但往往再要后悔，却也来不及了。"

"大师这些年来一直都在后悔吗？"

天海只是笑着，却并未作答。

于是秀忠也很识相地没再问下去，而是转了话题："在大师眼里，我应该是个完全不能跟父亲大权现相比的不合格将军吧？"

天海摇了摇头："大权现是神佛再世，无论是谁皆无法与之比拟，但大御所也是一代明君，完全不必为自己感到遗憾。"

另一方面，正在甲斐养病的德川忠长，在听说父亲病危后，便再也坐不住了，他写了两封内容一样的信分别寄给了春日局和天海，请他们劝说家光让自己来江户见亲爹的最后一面。

对此，家光特意召开了一个小型会议，专门讨论一下，是不是该让忠长来看秀忠一眼。

首先发言的是金地院崇传，他是赞成派，理由是姑且不论忠长本人的想法和感受，至少他来看秀忠的话对秀忠的病情好转肯定有帮助，故而应该让他们父子见一面。

但是酒井忠胜和稻叶正胜表示了反对，尤其是稻叶正胜，言辞极为激烈："忠长违的是国法，如果这都能法外开恩，以后我们凭什么去用法律约束别的大名？"

酒井忠胜也点头帮腔："当年大权现走的时候，不也没见松平忠辉吗？"

就这样，双方你来我往一时间争执不下，只能把目光都转向了家光。

而家光却看着天海。

天海老和尚在家光心中的地位非常高，几乎就是男版的春日局，但凡只要他说话，家光基本没有不听的。

然而这次却不一样了。

"老衲觉得，忠长在甲斐，应该已经做了十足的反省了吧。"

"是吗？我怎么没看出来？"家光冷笑了一下。

虽然天海和家光都说得比较隐晦，但实际上两人的立场却已经是非常明了了。

"是不是请示一下大御所……"一直在边上都没有出过声的土井利胜说道。

"现在我才是将军！"家光大声说道，"你们就去告诉忠长，对于过去所作所为，至今他都不曾表示过任何悔改和歉意，这足以说明那厮的疯病还没好，如果让这么一个神经病上江户城来探病，简直是天下的笑料，让这疯子该干吗干吗去，少在这里掺和！"

底下顿时沉默了，没人说话，也没人动。

"为何不去？！"家光显得有些恼怒了。

"将军，这……这些全都要转告给忠长殿下？"稻叶正胜壮着胆问了一句。

"废话！当然是一字不差全部说给他听了！"

"将军大人。"天海缓缓地开了口，"这样，似乎不妥吧？"

"大师，这样有何不妥？"

"将军大人是不愿意看到忠长殿下继续活在这个世上吗？"

"笑话，我哪有说过要杀他？"

"言辞如刀。"天海直视着家光，"所谓言语，使用不当便会成为杀人的利器。因为一句话的差错，很有可能让兄弟反目、君臣离间，世间多少杀机，都只缘于一字、一词。如今若是让忠长殿下听到了将军的这番话，以他的实力和胆量，虽是不敢对幕府做什么，但若是想了结自己，却是轻而易举。"

"忠长哪有那么脆弱……"虽然嘴上还是这么说着，但家光的语气明显柔和了许多，"那就告诉他，国有国法，家有家规，等病好了，自然会允许他登城的。"

第十三章 仁君秀忠千古

到了这年十二月的时候，德川秀忠基本上已经被医生判定为吃不到今年的年夜饭了。

在十二月中旬，德川家光再度进入江户城西之丸，探望了自己的父亲。

秀忠看起来非常虚弱，两眼无力地盯着家光看了一会儿，然后说道："你果然还是没让忠长来江户啊。"

"如果要赦免忠长的话，那么是不是该连忠辉一起赦免？"

"不，不用赦免忠辉，也不用赦免忠长。所谓治国的根本，就是法度，违背了法度，无论是谁都不能赦免，只有这样，才能长久。"

"嗯，我正是这么想的，所以才那样做的。"

"少扯淡了，你只是不喜欢忠长而已。"秀忠笑着说道。

于是家光也笑了。

"家光，我死后，幕府对于朝廷的政策，你切记要以怀柔为主，决不可像大权现时候那样一个劲儿地打压，因为如果幕府和朝廷的关系变僵，那么便会给一些人可乘之机，这是有百害而无一利的。"

家光点了点头。

"你治国的才能和手段在我之上，所以其他的我也没什么好说了，唯有一件事，想要拜托你。"

"何事？"

"幸松就交给你了,务必多照顾他一点,拜托。"

"嗯,我一定会的,您就放心吧。"

"对了对了,还有一件事情你也得帮我记着。"秀忠拉住了家光的手,"等我死后,遗体一定要埋在增上寺,至于灵位,也要放在那里,听到了没有?"

"为何?父亲大人身为将军,灵位为何不置放于东照宫?这样也可以和大权现在一起。"

"笨蛋,因为阿江在增上寺啊!"

这世上其实并不存在真正意义上怕老婆的男人,所谓的怕,不过是爱罢了。

宽永九年(1632年)正月二十四日,德川幕府第二代征夷大将军德川秀忠因病医治无效,于当日亥时在江户城西之丸离开了人世,享年53岁。

这是一个伟大的将军,同时也是一个伟大的人。

和老头子德川家康的武功相比,秀忠一生的主要成绩基本都体现在了内政建设方面,其中最为重要的,就是他规划了整个江户城周边地区的城建轮廓——从武士宅邸到平民居住小区,以及修桥铺路建造上下水等等,秀忠一样都没落下,全部亲自设计并亲自安排施工。可以毫不夸张地说一句,今天被誉为世界最繁华的大都市东京都,正是在当年德川秀忠设计的蓝图的基础上发展起来的。

此外还有一点也不容忽视的是,秀忠的治世理念在当时可谓是相当先进的,具体说来就是以法治取代人治。

他曾经说过这么一句话:"治世的根本,就是要做到能用法律来抗衡常理,却不能用常理来忤逆法律。"

当时在场的家臣们很多没听明白,于是便问他这话到底啥意思。

秀忠并没有直接回答,而是反问道:"乌鸦是什么颜色的?"

大家想都没想就说乌鸦当然是黑色的了。

秀忠点点头:"乌鸦是黑色,这便是常理。如果我现在设置一条法律,说乌鸦是白色的,那么你们告诉我,乌鸦是什么颜色的?"

顿时下面就七嘴八舌了起来,大家议论纷纷,有的说既然法律规定乌鸦是白色的,那乌鸦就真是白色的了,而有的则表示,哪怕法律规定说乌鸦是五彩缤纷的,可仍然无法改变天下乌鸦一般黑这一千古真理。

眼看着话题就要被歪到讨论乌鸦究竟是黑还是白,此时的秀忠摆手示意大伙安静,然后说道:"制定法律,把原本是黑的说成白的,这就叫用法来抗衡常理,而无视条令,仍然坚持黑的就是黑的,这便是以常理来忤逆法律。在治国的时候,如果碰到了法律跟常理相冲突的情况,我们应该不惜一切代价地坚持法律,而不是用所谓的常理人情来搞法外开恩,因为长此以往下去的话,法律将会失去它应有的价值,而国家也会因此发生变故。"

虽然这段话被后世普遍认为是死板的象征,但数百年后,也有一个人说过:一个肮脏的国家,如果人人讲规则而不是谈道德,最终会变成一个有人味儿的正常国家,道德自然会逐渐回归;一个干净的国家,如果人人都不讲规则却大谈道德,谈高尚,天天没事儿就谈道德规范,人人大公无私,最终这个国家会堕落成为一个伪君子遍布的肮脏国家。

那个人的名字叫胡适。

以上,便是秀忠作为一名将军的基本总结,接着,我们再来说说他作为一个人的各种方面。

虽然在绝大多数的评价中,秀忠比起光辉照人近乎万能的德川家康来总是显得矮上三分,给人一种不管怎么看他都是无法触及到自己父亲脚跟的感觉。但真是如此么?

我想未必吧。

话说在他13岁时,某天他正在书院里读书,突然房门被撞破,一头牛冲了进来。

包括老师同学在内，所有的人当场就被吓得夺路而逃并且还配上了各种惊叫，唯独秀忠在那里一动不动地继续念书，仿佛那牛纯属幻象。

这跟30岁还按捺不住挑衅出城跑去找武田信玄送死的某某人有很大的不同。

或许有人会吐槽说这并非是"沉着冷静"，很有可能只是单纯地被吓傻动弹不了而已。那么我就接受你的意见，再说一件事。

丰臣家灭亡之后，德川秀忠跟德川义直两人带着群臣在江户看能剧，看到一半的时候突然地震了，于是剧场内顿时大乱，人人拔腿就往外跑。

就在这时，秀忠站起来大喊一声："都别动！"

因为这哥们儿在大庭广众之下的大声喊叫比地震都要来得稀罕，所以一时间真的就没人再跑了，不过也没人坐下，都保持着站定预备逃的姿势。

"就在这里继续看吧，没事的。"秀忠非常淡定地坐在位置上说道。

这时候德川义直是真的被吓得快傻了，用颤抖的声音问："哥哥，你怎么就知道没事？"

"你没看见这戏台的站脚和剧场的墙壁吗？晃动的程度并不大，这就足以说明这不过是一次小地震，如果乱哄哄地拥挤着逃走，那才危险呢。"

在那个地球是圆是方都还需要一番争论的时代，一个几乎不具备近代科学知识的人能够在地震的时候如此观察细微，并且迅速发现关键并作出正确判断，这是十分难得的。

果然，在这次略微的摇晃过后，便再也没了动静。

而在武略方面，虽说秀忠的确是称不上厉害，连射个弓都要弄得一地鸡毛，但作为一名武将，他至少是合格的。

后世曾经有科学家对秀忠的遗体进行过检测，在其身上发现了多处枪伤的痕迹，其中一两处甚至还伤到了骨头，说明在战争的时候，秀忠是属于那种身先士卒冲锋在前的类型。

这就足以证明了他尽管未必是一个足智多谋的神将，可却也绝非是懦弱的泛泛之辈。

此外，在秀忠的身上，还拥有着毫不输给家康任何一处优点的宝物，那便是一颗善良的心。

我并非在批判老爷子心狠手辣，事实上在那个时代，好人一般都是活不下去的，可也正因为如此，秀忠的善良才显得更为可贵。

曾经有一次，底下有人献来了一只仙鹤，在那个年头的日本，仙鹤除了用于观赏之外，更是一道档次绝高的佳肴——通常只有天皇级别的人才能享用。

秀忠命人将仙鹤料理成了鹤羹，然后取了一碗分给了自己贴身的保健医生——一位70多岁的老人。

医生当然很感动了，跪在地上伸出双手来接，拿过来之后还将那碗举过头顶，以示感谢。

于是就出事了，那医生估计是激动得过了头，手一抖，碗里的鹤羹就翻了出来，洒在了自己的头上，再从头上一滴一滴地滴在了衣服上。

应该说这是相当失态的事情，就算是无心，也很丢人。

所以刹那间那医生满脸涨得通红，都不知道该怎么办是好，只能是头一直低着直盯着地面，两只手却还捧着那碗鹤羹，一句话也说不出来，傻傻地跪在那里，跟雕塑似的。

也不知道过了多久，他突然听到了前方传来了非常细微的呼噜声，倍感疑惑之余忍不住偷偷抬起头来瞄了一眼，发现将军秀忠不知什么时候居然睡着了。

来不及细想的医生趁机偷偷地离开了，同时不断地祈祷秀忠是在他的那碗鹤羹打翻之前，就已经睡着或是昏昏沉沉了。

其实那一天秀忠并没有睡着，只不过在看到了老人家的失态之后，为了避免他过分难堪，这才灵机一动，闭上了双眼并打起了呼噜装瞌睡。

他这样做同时还有一层用意——当一个人在大庭广众之下失态的时候，无论对方怎样体谅怎样宽慰，其实都是无法抹平他心中的那一份尴尬的，唯一的办法就是跟他一块儿失态。

所以，德川秀忠才会选择在众人面前大打呼噜。

"这个年轻人（野比大雄）能为别人的幸福而高兴，能为别人的不幸而悲哀，这对于一个人而言，是最为重要的品质。"

这是源义雄（源静香之父）所说过的一句话。

如果说，德川家康用一生来诠释了忍者无敌这四个字的话，那么德川秀忠的一生，则说明了仁者同样无敌。

第十四章 天下之主

一个时代的结束,势必标志着另一个时代的开启。

话说在秀忠头七过后,德川家光将正在江户城内参加丧事的全日本各地诸侯都召集在了一起,说是要开个会。

"大御所离世的消息,想必在座的诸位都已经知道了。"

家光的开场白似乎很没新意,但底下没有人敢吐槽。大家只是瞪着眼睛看着前方,并且不带任何表情。

"顺便,我还想告诉你们一件事。"家光继续说道,"现如今的天下之主,虽然明面上是我德川家光,但实际上,我知道你们很多人心中是有诸多不服的。"

谁也不知道这大半夜的突然开会到底有何深意,故而一时间也没人敢接茬儿——既没有客套一番表示我们都服,也没有不怕死的挺着胸横出来叫一声老子不服。大家依然特别安静地看着家光,等待着他的下一句话。

"如果你们有谁对我家光心怀不服的话,千万不要客气,尽管拿起刀枪弓箭,率大军攻打江户,跟我一争高下!"

"怎么了?没有人敢吗?如果想要天下的话,现在就可以站出来!"

看着底下的人鸦雀无声,家光越发大声,甚至还手舞足蹈地配上了肢体语言。

大家仍是默不作声,因为情况是显而易见的——这时候敢站出来的，那不光光是寻死，更是犯贱。

可结果就有人真的站了出来。

"咳，在下想说两句。"

一个声音响了起来，众人连忙抬头去看，发现是伊达政宗。

难道这厮要反？

正在所有人都犯着嘀咕的当儿，政宗又上前了几步，接着向后一转，面向大众："我们之所以能有现在的太平盛世，全都要仰仗德川家三代的恩典，如果万一有哪个兔崽子敢心生叛意要造反的，那么就先从我伊达政宗的身上踏过去吧！老子将立刻倾仙台全部兵力，叫他粉身碎骨！"

底下一片交头接耳，事情发展到了这一步，谁也不知道唱的是哪一出。

相信你也应该已经看出来了，这就是一场戏，一场做给诸侯们看的戏：编剧是土井利胜，导演德川家光，领衔主演伊达政宗。表演的目的在于让各大名知道一下，新将军虽然年轻，却也不是善茬儿，至少，当下日本最贱之人伊达政宗是跟他一伙的。

这场三流编剧编出来的戏的效果却不得不说是出奇的好，继伊达政宗之后，立花宗茂也大声宣誓效忠——我相信，不管宗茂是不是看出来这是一场舞台剧，他对于曾经帮助过自己的德川幕府的那颗心，确实是真的。

此时岛津义弘已经在元和五年（1619年）那会儿去世了，所以当下日本最能打的，只有立花宗茂。

底下诸大名一看最贱的和最强的都表忠心了，自己要再傻愣着似乎也不太合适，于是大家纷纷站起来高呼口号，表示自己只要活在这世上一天，那么对幕府的忠心就誓死不变，日月可鉴。

为啥整这出戏的原因也很简单——在秀忠死后的短短几天里，江户城周边的治安状况一度出现了恶化，光是颇具规模（指有人被烧死）的纵火案就发生了数十起，这让幕府方面非常担心是不是有人想趁着大丧的当儿发动政变之类。

正因为如此,幕府才要演一场戏,一来威慑一下诸侯,二来树立一下自己的威信——虽然无论一二,都仅限于表面文章。

然而让人感到奇怪的是,在那次集体宣誓之后,江户城下的治安瞬间就好转了许多,至少杀人放火的勾当是基本灭绝了。

究竟是匪徒看到幕府的威信又被树立起来而不敢动手了呢,还是这些事情本身就是某个心怀不轨的诸侯所为,抑或是德川幕府自导自演,这些,就真的没有人说得清楚了。

当然,依靠做戏来树威,即便树起来也未必会长久,这一点无论是谁心里都很明白。想要真真正正地树立起确确实实的威信,那光靠假戏远远不够,还得真做。

这一年五月,幕府召开重臣会议,主要议题是讨论秋天时候将军去日光东照宫参拜事宜。因为这事儿已经决定了,所以大伙主要是对行程细节方面各抒己见,就在热闹时分,一直都没怎么说过话的土井利胜开了口:"在下认为,今年秋天去东照宫并不合适。"

其他人一听这话就都急了,纷纷表示说这早就定下来的事儿你现在说不合适?你这不存心捣乱吗?

而土井利胜则口口声声表示,自己之所以反对,是有充分的理由的。

理由是有人打算趁着家光离开江户去日光的当儿趁机发动武装政变,推翻幕府。

家光忙问那人是谁。

"回将军,据说主谋者是一个叫土井利胜的人。"土井利胜说道。

众人一片哗然。

你这不还是在捣乱吗?

德川家光也感到万分的蹊跷:"利胜,到底是怎么回事?"

在土井利胜的解释下,家光总算是知道了事情的来龙去脉。

却说熊本藩藩主加藤忠广,乃名将加藤清正的儿子,他有一个儿子叫加藤光广，此人是一个非常多才多艺的文艺青年。

有一天，这个文艺青年在一张纸上惟妙惟肖地仿写了数十个藩的藩主和五六个幕府重臣的画押，也就是个性签名，这本来也没什么，闲来无事的娱乐休闲罢了，可偏偏这位加藤大人在山寨完人签名之后，又干了一件特别要命的事情，那就是在众人的名字前头写下了这样一段话：我们准备联合一起，趁着将军去日光的时候推翻幕府。

于是一份本来看着挺美观的名人签名册顷刻间就变成了一封蓄意谋反的联名状。

偏巧不巧的是，土井利胜的名字被画在了头一个。

更要命的是，此事也不知道被谁给传了出去，弄得尽人皆知。

这本是一场说笑——当时年仅十七八岁的加藤光广当然不可能真去推翻幕府，纯粹是年轻人随手恶搞的涂鸦罢了。

可家光却不这么看。

"兹事体大，必须要严肃彻查。"他对稻叶正胜说道，"命令熊本藩藩主立刻登城见我。"

而正胜却有些担忧："加藤忠广的妹妹是纪伊大人的夫人，将军您看是不是……"

"不管他是什么人，都要严查！"

严查的结果是加藤忠广父子被认定有逆反之心，实属重罪，剥夺全部领地。

当然，土井利胜他们并没有受到半点的牵连。

通过此事，天下诸侯终于明白，眼下的这位年轻将军，绝对不是那种只会装模作样搞搞舞台剧的善类。

其实这类事情已经真心很常见了，德川秀忠当年就以各种名义一口气干掉了包括亲弟弟松平忠辉，重臣本多正纯在内的五六个大名，其用意就是以铁血手腕恐吓诸侯以维护统治根基，毕竟这年头谁都不比谁更傻，要想让对方服你，唯有亮剑。

第十五章 兄弟之死

不过说起来,有心要跟家光争天下的其实倒还真有一个——德川忠长。不过那些日子他不曾出场,因为正在甲斐养病。

德川忠长是在三月二十六日接到的噩耗,当时秀忠已经过世两天了。

没能陪在父亲身边送父亲最后一程已经是一件足以让他抱憾终生的事情了,现如今连丧报都晚了两天才收到,这让忠长悲愤交加。

这人一悲愤就容易乱说乱动。

却说骏河国有一座山,叫久能山,是当年德川家康选定的陵寝所在,这个我们前面已经说过了。

事实上这座山不光埋人,还埋钱,老爷子把一生节俭下来的真金白银都放在了那里,以备子孙后代不时之需。

结果家光表示,金银财宝放在骏河自己不放心,应该挪到江户来。

平心而论,这本是他的自由,毕竟家康的钱肯定是留给幕府留给后继将军的,别说挪到江户,就算挪到菲律宾那也是家光的事情。

可没想到骏河藩大名德川忠长却不爽了——虽然这本不该他不爽,可这哥们儿愣是要强出头,明明都已经身在甲斐了却还要操骏府的心,他不止一次地当众吐槽说:"这金银财产都是大权现留在骏河的,我兄长有什么资格擅自搬走?"

身边人连忙劝道您慎言啊,接着又表示这东西都是留给将军的,将军当然能处理。

"这是大权现留给子孙的,他是子孙,我又何尝不是子孙?!"

没多久这事儿就被传到了江户,家光当然又少不了拍桌子一顿臭骂。

但忠长知道了以后,非但不收敛,反而愈演愈烈。

当加藤忠广那档子事儿被他得知之后,他当着很多人的面,重重地一拍大腿:"反得好!"接着又紧跟了一句:"只要他拿下江户城,我就封他做副将军!"

除此之外,德川忠长还干过一件特别让人感觉无语的事情,那就是他在甲斐的住处自费建造了一座小庙,里面摆了父亲秀忠的灵位,整天在那里拜。

这事儿用今天的眼光来看似乎也没什么大不了的,但在当年却是个大忌。

当这些零零碎碎的事情被监视他的眼线全部汇报给家光之后,家光一脸铁青,只说了四个字:"严惩不贷。"

具体的严惩方案是没收全部领地和官职,贬为平民。

"这样是不是太过了?"土井利胜问道。

"我就是要让他知道不懂得悔改的下场。"

把将军的亲弟弟一下子从万人之上的高度拍到地上变成路人甲,这怎么说也是一件震撼人心的大事件,所以当下幕府内部就分裂成了两派:一派是支持者,表示拍得好;另一半则持反对意见,认为不能这么干,而且从人数上看后者居多。

不过碍于将军已经拍板,所以反对派纷纷找到了春日局,拜托她帮帮忙,给德川忠长求个情,不一定要让他继续当大名,可至少也不能是个普通老百姓啊。

这天晚上,春日局来到了家光的屋子里。

"你想跟我说忠长的事情吗?"

还未开口，家光便已经知道了她的来意。

春日局笑了笑："我并没有这个打算，只不过这事儿最近闹得很大而已。"

家光的眼神突然就变得非常游离："那家伙一定很恨我吧。同是兄弟，哥哥坐在江户城里当将军，可弟弟却被夺走了一切。"

"或许在忠长看来，是将军恨他才对呢。"

"我怎么可能恨他，毕竟是自己的弟弟啊。"家光的手指反复在榻榻米上来回地擦着，"虽然从小母亲比较宠他，而他也老是讨好卖乖，故意跟我作对不说，在母亲面前也时常流露出瞧不起我的神情。每次我被骂他都会高兴得跟朵花儿似的给我看笑脸，真是越看越讨厌，有时候真想亲手狠狠地把他抽个半死，可是，可是他真的是我弟弟啊！"

说着说着，家光的眼睛里开始闪烁起了泪光。

而春日局却一言不发，只是坐在一旁静静地听着。

"阿福，如果你现在劝我一句的话，我就饶恕他。"

春日局微微一笑："那么多人都反对，我劝了又有什么用。更何况我一介女流，本不该参与政事。"

春日局说自己不参与政事，那叫装模作样，她自打出道以来就没少掺和各种乱七八糟的事儿，但这一回她之所以要这么说，那也是情有可原的。

其实德川家光并不想真的把自己的弟弟怎么样，因为不管怎么说，那是自己的亲弟弟。正所谓血浓于水，不是每个人都能跟织田信长伊达政宗那样有魄力活劈亲兄弟的。

但春日局就不同了，对她而言，家光才是自己的一切，忠长则是家光治世的巨大障碍之一，必须去除。

所以当家光已经有心赦免弟弟只求春日局给他一个台阶下的时候，老太太却义无反顾地一脚蹬开了那把梯子。

当年十二月二十日，幕府家臣牧野信成等三名专使来到甲斐，见到了忠长，然后向他宣布了处分命令："大纳言德川忠长，背离天道，藐视幕府，屡犯过错之后非但无痛改前非之意，反而还变本加厉胡作非为，实乃可恶至极，故，没收全部领地，其本人暂时囚禁于上野国（群马县）高崎，听候进一步发落，以上。"

说完之后，照例还要问一句："德川忠长，你还有什么要说的吗？"

忠长笑了，笑得非常诡异："告诉家光，晚他一步来到这个世上，是我此生最大的遗憾。"

就这样，忠长又离开了甲斐，一无所有地去了高崎。

之后的日子里虽然他依然如故，该吃吃该喝喝，该骂的照样骂。只是对于这个已经一无所有等同于囚犯的穷光蛋弟弟，家光本人早就没了接着惩治他的欲望，任其骂不绝口，只当不知，采取了一种完全无视的态度。

就这样过了将近一年，在宽永十年（1633年）十二月七日的时候，传来了忠长的死讯。

他是自杀的。

在六号那天晚上，德川忠长吃过饭后便一个人待在屋子里，或许是觉得无聊，就让侍女拿了酒和小菜进来，自己又独自小酌了一番。

在此期间，他的身边一直有两个侍女陪着。

就这样一直吃喝到了深夜，菜也吃光了酒也差不多喝没了，忠长便让其中的一个侍女去再做一点吃的送进来，等人走后，他又把一个还剩一大半酒的瓶子递给了另一个侍女："这酒凉了，你去温一下。"

大概过了十来分钟，温酒的那个侍女先回到了忠长所在的房间，当她拉开门之后，看到的是已经变成了尸体的德川忠长。

尸体的周围是一大摊血，手里还紧紧地握着一把短刀。

人就这么死了，那一年这小子才28岁。

忠长的死因是自杀，这个如今已成定论，没什么好多说的了，只是在绝大多数的史料里，这"自杀"二字之前，还会再多加一个词——

奉命。

也就是奉命自杀——显然，是奉家光的命。

根据比较大众化的说法是在六号那天晚上，一个叫安倍重次的大臣来到了高崎，先是见了负责监视看管德川忠长的家臣安藤重辰，并向他出示了家光的亲笔手谕。看过手谕之后，安藤脸色大变，沉默了数分钟后说道："虽说这真是一道不幸的命令，但上意如此，我等也没有办法，唯有执行了。"

之后，忠长就自杀了。

通常来看，都会很自然地推理认为忠长的死跟家光的那道命令有着因果关系。

虽然这道手谕的具体内容至今也无人知晓。

此外另一个比较"有力"的证据是在忠长死后，有两个负责看守尸体的下级武士发生过这样的一段对话。

武士A："怎么会发生这种事情？"

武士B："像我们这种下等人怎么会知道？反正听说是奉命行事啦。"

于是，忠长的死便被认定是"奉命自杀"。

这个故事不是我编的，很多书上都能看到，最早的出处是新井白石的《藩翰谱》。

新井白石这个名字可能很多人都不陌生，他是江户时代著名的政治家兼文化人，以后我会花大力气来着重介绍，这里就姑且跳过，先来扯一下德川忠长之死的真相。

事先声明一下，我是一个喜欢随波逐流的懒人，绝对没有挑战名人的变态癖好，只是这事儿关乎生死名誉，屎盆子真心不能随便乱扣。

我的观点是德川忠长的死确实是跟德川家光多少有点关系，但奉命一说纯属扯淡。

在我给出证据之前，你先努力回忆一下，在日本历史中，战国时代也好，江户时代也好，如果是"奉命"自杀，应该是怎样的情景？

在本系列作品里出现过的比较有名的例子是忠长他大爷德川信康，奉了织田信长的命令自我了断，于是便在自己屋子里切腹自尽。

没错，是切腹。

如果一个武士有罪，要他自裁的话，一般的手段都是叫他切腹。

那么德川忠长是切腹吗？

显然不是。

根据科学论证，在没有介错的情况下切腹的话，从切到死之间至少有好几个小时的苟延残喘时间，而德川忠长从活到死仅仅十来分钟，这足以证明他不是切腹。

事实上，这家伙是用刀刺穿了自己的喉咙而死。这在武士的世界里，是一种非常不体面的死法。

如果要真是德川幕府的命令要忠长这么死，那只能证明幕府傻了——将军的弟弟都奉命不体面了，将军难道还能体面得了？

我知道看到这里多半有人会说，其实家光的本意是想让忠长去死的，只不过光明正大地让亲弟弟切腹很容易遭到天下的非议，所以才背地里偷偷施压，迫使弟弟用这种看似不可能是"奉命"的死法"奉命"自杀，主要是为了营造出一种跟自己无关的假象。

能这么想说明你很聪明，可问题是若真要这样，德川家光又何必逼着忠长拿刀戳喉咙那么麻烦？直接叫人在他碗里撒耗子药然后再对外宣称是暴病早亡的不就结了？

不要跟我说毒杀更可疑更容易被人道长短，那年头星期一还吃嘛嘛香星期二就吹灯拔蜡的例子多了去了，小早川秀秋、加藤清正，哪个不是这么撒手人寰的？你能说什么？说是德川家干的？证据呢？孙权孙仲谋还紫髯碧眼呢，你倒是去找一个外国爹来啊。

更何况德川忠长本身也有病在身，所以我们完全有理由认为，他自杀的真正原因是日益严重的抑郁症。

说完了忠长之死再来说说忠长这个人。

此乃相当严肃的话题，所以我尽可能憋住不吐槽。

一般而言，对于忠长家光哥俩的评价往往有两种：家光是一个好哥哥，但忠长不是一个好弟弟以及家光不是一个好哥哥，忠长也不是一个好弟弟——总之，不管哥哥怎样，弟弟总是不好的。

在我看过的很多书里德川忠长都被描述成了一个几乎能跟丰臣秀次相提并论的败类青年。

这话是真的说得过分了，丰臣秀次那是当街砍人而且砍的还是残疾人，德川忠长再怎么着也还不至于达到这种令人发指的程度。

事实上他是个挺好的小青年，能文能武长得还帅，性格也相当八面玲珑，没犯病那会儿跟家臣们的关系都不坏。唯一的毛病就是心态有点问题——错误地把本不属于自己的东西硬认作是该给自己的，这点倒是和秀次挺像。

但这并不是忠长一个人的错，真要追究起来，该负责的人有好几个。比如阿江，再比如家康。

来自于母亲的宠爱和由祖父亲手打造起的隔阂，最终形成了这种畸形的兄弟关系。而在这种畸形的关系里，让忠长无法判断自己面对的究竟是将军还是哥哥，百般迷茫之余又失去了一直宠爱自己的母亲，于是几乎沦落到丧失自我的他，最终上演了这一出悲剧。

忠长的死讯传到江户之后，德川家光当场泪流满面，之后大病了一场。

没有资料记载日后他是否有为如此冷酷地对待弟弟以至于闹成这般田地而自责，但我相信，家光应该是后悔的。

言语是一把利刃，使用不当便会成为凶器，因为一句话的差错便可能失去一生的挚友或是亲人，一次擦肩而过兴许就意味着来生才能再相见。

所以请坦诚地善待你身边的每一个人。

第十六章 独眼龙

宽永十二年（1635年）春，发生了一件说大不大说小不小的事情。

那就是对马藩宗家连着几十年篡改朝鲜国书的勾当，终于可喜可贺地被曝光了。

揭露此事的是对马藩家老柳川调兴。

不过这位柳川大人的动机并不怎么纯洁，他是因为本来就跟对马藩藩主宗义成关系不好憋着一口气想报复，同时还指望利用此事赢得幕府的赏识，从而脱离对马岛直接晋升成为德川家的直属家臣。

但他的如意算盘打错了。

考虑到当时全日本能够跟朝鲜人打交道并且展开贸易的唯有对马宗家，所以幕府只是轻描淡写地让宗义成回去后好好反省，以后再写国书的时候，关于幕府将军一律用"日本国大君"就行了。

至于柳川调兴，非但没有让他当直属家臣，反而还判了罪，把他流放到了轻津（青森县内）。

这是一个典型的羊肉没吃着还沾了一身羊臊的例子。

原因是他的这种做事手法太不可取。

江户时代跟战国时代不同，不可能再提倡以下克上这种事情了。身为家臣就要服从主君，即便不是百分百俯首帖耳搞愚忠，可这种出卖主上以换取自己荣华富贵的行为，肯定是要严惩的。

宽永十三年（1636年）五月一日，伊达政宗出现在了江户城。

尽管在家康时代被一张百万石领地的白条骗了好几次而且还屡遭欺负，但随着年岁的增长，其实政宗早已没有了夺取天下的雄心壮志，他所关心的，仅仅是怎么让自己仙台藩的子民过上好日子罢了。

或许是真的如老话所讲的那样，无欲无求必有厚报。自打秀忠时代起，政宗便开始逐渐得到了幕府的重用，之后更是为三代将军德川家光所倚重，一改当年被猜忌被虐待的可怜小媳妇形象，成为了两代将军身边的当红侧近（亲信），被誉为"天下的副将军"。

政宗这次跑到江户，名义上是例行的参勤交代，但实际上却是为了见将军家光最后一面。

这一年他69岁，并且身患重病，老实说，已经时日无多了。

尽管在会面的时候，伊达政宗的"贱言贱语"惹得全场不时发出阵阵欢笑，可比欢笑更剧烈更频繁的，却是他的咳嗽声。

"伊达大人，你没事吧？"家光问道。

伊达政宗很轻松地笑了笑："我自己的身体自己知道。将军您就不必太过操心了。"

而家光的表情却渐渐地变得严肃了起来："伊达大人，有一个问题我一直都想问你，你能不能如实相告？"

"将军您说的那是什么话，只要您问，在下一定实话实说。"政宗依然不改那副贱贱的笑容。

"你恨过德川家吗？"

伊达政宗不笑了。

"我一直很想知道，当年大权现这样对你，你有没有恨过德川家。"

政宗呆呆地看着家光，眼神放空，显然他不知道对方为何突然会问这么个问题。

时间就这么一秒一秒地过去了，而家光似乎也不着急，相当耐心地等着答案。

良久，政宗长叹了一声。

然后开了口:"不恨。"

紧接着,又补充了一句:"只是背地里偷偷地埋怨过。"

之后,再说了一句:"但是,我伊达政宗从未因跟随德川家而后悔过,一次也没有!"

说这话的时候,他一脸的郑重。

家光笑了。

宽永十三年(1636年)五月二十四日,伊达政宗在江户病逝,享年70岁。

之后,家光下令全江户禁止杀生七天,以为哀悼。

据说在政宗生命的最后几年里,仙台藩经过多年努力开垦以及农耕方面的技术革新,虽说名义上还是六十二万石大名,但实际上每年的粮食产量已经超出了一百万石。到了江户时代中后期,仙台藩石高更是超过了二百万石,成为了名副其实的日本最大藩国。

关于伊达政宗的评价古往今来一直是很高的,比如明治天皇就曾说过:"修武道,通学问,连外国的事务也不陌生,若是说起文武双全的武士,那我想也就数伊达政宗了。"

除了文治武功外,政宗在其他方面也是相当有才华的。

比如他是一个超一流的料理人,曾经创作出名产冻豆腐和岩出山纳豆,而他的那句"在招待客人的时候若无其事地拿出材料,然后由自己亲自下厨料理,那是多么帅的一件事儿啊"的做菜心得,也被著名的服部营养专门学校奉为校训。

不仅如此,在文化修养方面,他也有着超高的造诣。当年丰臣秀吉召集天下诸侯赴宴,在宴席上搞了一个和歌大赛,结果政宗技压群雄,勇夺头魁,被秀吉称为华丽的乡下人(奥州地处偏僻)。

因为上述的各种原因,政宗有了超高的人气,并且常被各种文学作品当作主角来刻画流传,所以对于他的评价,也越来越高,其形象也变得愈来愈高大。曾经有一个流传至今但不知道是谁说的名言,说是如果这哥们儿早生二十年,那或许就能和织田信长丰臣秀吉以及德川家康这战国三巨头一争天下,更有人甚至认为,若政宗早生二十年,那么天下多半就属于他的了。

个人觉得,这种观点虽然不能说是一派胡言,毕竟伊达政宗确实是个人中豪杰,从丰臣秀吉和德川家康对其如此忌惮中便可看出一二,但关于说他能夺取天下这种话,在我看来只是表达出了说话人对伊达政宗的无限热爱之情,除此之外,就什么也不是了。

不是说我看不起政宗,就冲着全世界有那么多伊达粉丝且我还想多卖几本书的分儿上我都不会这么做,但这家伙的的确确无法夺得天下,哪怕让他早生二十年三十年都一样。

老祖宗很早就教育过我们,争皇上,夺黄袍,基本要具备三样东西:天时,地利,人和。缺一不可,少了一个,那就只能从皇上变成要饭的。

如果让政宗早生二十年,天时他是有了,那会儿正值全日本大乱,人人都想趁乱浑水来一把自摸,鹿死谁手尚且未知。但换个方向思考的话你就会发现,那时候人人都有天时,包括织田信长,包括德川家康,他伊达政宗在这方面占不了任何优势,只能说是刚刚得到了一张争天下的入场券罢了。

再来看地利。奥州之地向来是日本的乡下郊区,地理位置相当的次,虽说当年一度盛产砂金而变得富庶之极,但由于开采无度没几年就被挖光了,到了伊达政宗那会儿早就已经没有金子只剩砂了。

地段不好而且还穷,你要指望着这块地方做旗帜插遍全国的革命根据地那是基本没啥可能的。

至于人和,虽说政宗手下有人称天下第二陪臣的片仓小十郎(第一是直江兼续),但也就仅仅这一个而已。其他的家臣尽管也基本算得是人才人杰,可要拿出来和丰臣家、织田家、德川家的几个得力部下比的话,那显然还是差了一大截。

综上所述,纵然让他伊达政宗早生二十年,最多也就是成为如萨摩岛津家那样的战国风云儿罢了,要想问鼎天下,恐怕真没戏。

其实比起伊达政宗那若隐若现的野心来,他的遗言似乎更能让生活在今天的我们有所感悟:仁,过分了就是软弱;义,过分了就是顽固;礼,过分了就是谄媚;智,过分了就是虚伪;信,过分了就会招致损害。

伊达政宗过世之后,因悲伤过度不能自已而跟着一起殉死的家臣有15人。

伊达政宗死后,幕府的政权开始渐渐地趋于稳固。

这话说得似乎挺那啥,给人一种因为伊达政宗死了所以政权就稳固了的感觉,其实两者之间没有因果关联,纯粹只是时间上正好处于先后罢了,我也不过是拿来放一块儿这么一说,没别的意思。

政宗公的粉丝们,请原谅我最后的吐槽。

在政权渐渐地稳固了之后,家光便开始着手搞起了政治改革。

天下经过德川家三代人三十多年的治理,很多法律以及制度渐渐地开始显得跟不上时代了,所以搞一些规模不大的变革,还是很有必要的。

六月,幕府修改完善了《武家诸法度》,由于我们之前就已经直接讲述过最终版,故在此便不多做介绍了。

七月,德川家光召见松平赖房,正式赐姓德川。

从此,在日本能够姓德川的总共便有了四家——幕府将军的德川本家,尾张德川家,纪伊德川家以及水户德川家。

其中后三家被称为御三家,地位并列,仅次于将军家。

而御三家里,每家的职责也不尽相同。尾张德川和纪伊德川仍然是将军候补的存在,即当将军家没有子嗣的时候,由两家中一家的嫡子来担任将军,至于到底由谁出任,则全由水户德川家来判断,因此,水户德川也被誉为"天下的副将军"。

十一月,经过数年的讨论磨合,幕府终于出台了一整套比较完善的官制体系——老中制。

需要说明的是,这个名字是我发明的——因为没有别的称呼。

老中是一个职位的名称,归将军直接管辖,一般设6人,源于宽永十年(1633年),当初的名字叫作若年寄,也就是顾问的意思。后来觉得光做顾问还不够,得给予重臣相对的权力,于是便废除了若年寄,改设为老中。

说白了,所谓老中制,就是在将军之下设置6个帮助一起处理政务一起打理政事的人,类似于我们明朝时候的内阁,清朝时候的军机处。

老中之下,设文武两套系统。文官大致有京都所司代、大阪城代、江户町奉行、寺社奉行、勘定奉行等;武官的话则有书院组、小姓组、新番、大番等。

其中,京都所司代是管京都事务并且监视朝廷的;大阪城代和江户町奉行则是分别管辖大阪和江户两地的各种事宜;寺社奉行就是管宗教事务的;勘定奉行俗话说来就是掌管经济的人。

需要指出的是,上述的这些法律修改,官制制定等事务,基本都源于一个人的策划,那便是天海。

金地院崇传已经在宽永十年(1633年)那会儿去世了,享年64岁,于是日本宗教界的巨头终于有且只有一个了。

话说到这里,我们姑且暂停一下,先做一个小小的总结。

第十七章 《五人组制度》

或许很多人应该都已经发现或是隐约有了感觉了,那就是截止到目前为止,德川幕府所颁发的各种政令里,绝大多数都是用来约束公家或是大名的,也就是上流社会。至于下面的普通民众,似乎很少提及,于是便会给人一种幕府只把眼光盯在同为统治阶级的武士公卿身上而忽视小老百姓的感觉,实际上却并非如此。

对于德川幕府而言,老百姓是统治的基础,没老百姓的话就没人种地没人打仗,自然更不会有幕府的存在,所以在德川家康时代,老爷子一直都很重视对百姓尤其是农民的统治。和挟制诸侯一样,管理农民也要讲究平衡。

只不过这个平衡法有点残忍,是生与死之间的平衡。

简单说来就是把农民整得不死不活,让他们处于一种既能活着种田却也不会太活分地节外生枝的状态之中。

到了家光时代,这套生死平衡术变成了白纸黑字的法律条文——宽永十四年(1637年)十月,幕府颁布了针对农民的《五人组制度》。

这部制度可以简单概括为一句话:把农民分类,然后进行管理。

在说农民分类之前,我们先来说一说江户时代日本的基本政治格局。

当时日本名义上最大的是朝廷,实际上最大的是幕府,这个已经说过很多次了。

幕府之下,除三百诸侯之外,还能拥有自己直辖的领地的那东西专业名称叫天领，石高约在四百万。

所以通常我们可以认为将军也是大名的一种，只不过地位比较特殊罢了。

不过无论是将军还是大名，他们一般都不可能直接跟农民发生关系，毕竟德川家光也好岛津家久也罢，不会在收税的时节亲自背了个小箩筐跑田里跟农民收大米，那不现实。像这种具体的事情肯定得交给家臣去办。

说到家臣，这里还得多扯一段。

在那年头，大名（将军）的家臣通常都能分作两类。一类是直属，也就是直接受君主管辖的臣子，这种人地位比较高，统称为旗本；还有一类就是家臣的家臣，叫做家来，地位和俸禄都比较低。

一般的旗本都会从主君那里分到领地，然后每年上交规定数目的税金即可。

注意，是分到。换句话讲那土地就是旗本自己的东西。

这就是分封制度，拥有领地的旗本被称之为领主。这领主通常也不会直接跟农民接触，他们会把土地的管理事宜交给自己的手下，而这手下实际上起到的是一个代为管理的作用，这在日语中也是有专门的名字的，叫作代官。

举个通俗的例子来讲，大名是总公司的董事长，旗本是总公司下子公司的董事长，而代官则是帮助管理公司的总经理。

他们，才是真正和农民打交道的人。

接下来进入正题，说一说农民。

在江户时代，农民根据其本身和土地的关系，一般能被分为三类：本百姓、水吞百姓和隶属农民。

本百姓，就是名下有田的农民，也就是传说中的地主——从领主那里得到面积不等的责任田然后耕种，并且根据比率纳税。

只不过这地主当得却是相当憋屈，因为那地仅仅是名分上归自己所有而已，不允许买卖，并且在田里种什么，种多少，全都得听政府的，不种或是乱种都是犯罪，要严惩。

水吞百姓，通俗来讲就是没有田的农民，他们借本百姓的田种地，并且上缴绝大多数的收成，因为很穷，穷得只能喝凉水，故此得名水吞。

至于隶属农民，就是隶属于本百姓的劳工，说难听点就是农奴。

总体来看，在农民中间地位最高的是本百姓，水吞次之，隶属农民最低。

以上，是江户时代统治者与农民之间的关系背景。现在，来详细说说这一部《五人组制度》。

在一个村子里，代官会从本百姓里选出名主一个，组头一个以及百姓代一个。

所谓名主，也叫庄屋或是肝煎，职责是密切注意村中动向，以防有人为非作歹，同时也承担着挨家挨户收取公粮再转交给代官这一承上启下的职责，此外村里的治安、组织徭役等也是他的工作，换言之名主就是村长。

组头则是副村长，用来辅佐名主。

百姓代类似于纪委书记，负责监视名主跟组头，并随时向代官汇报其动向，防止他们带头干一些违法乱纪的勾当。

以上这三个职务，堪称农村金字塔的塔尖，统称村方三役，基本都是世袭的。

三役之下便是本百姓，一般是五户本百姓被编为一组，互相扶助，互相监视，同时也互相连带。

这就是五人组的来历。

本百姓之下的水吞百姓跟农奴，则归各家的本百姓管辖，这些人出了事，雇佣他们或是拥有他们的地主，也是要跟着受牵连的。

所谓"出了事"，并不是仅限于杀人放火，逃走、信洋教、不按时纳贡等等都属这个范畴之内。

《五人组制度》的用意，其实不是"管辖"农民那么单纯，而是要把农民紧紧地束缚在土地上,从生到死都不得离开。

说了那么多农民该做的不该做的,或许有人会问,那么农民的权利何在?

答案倒也简单,两个字:没有。

嫌字少的话可以给你多说几个:权利是什么?

觉得不够生动的话还能给你编排一个设问句:我能吐槽吗?不能的话就没啥好说了。

事实上,在江户时代的日本,农民的日子是很苦的。

通常而言,一个农民一年在责任田里的辛苦劳动所得,至少有百分之四十是要交给领主的,这叫四公六民政策。

注意两个词:至少,责任田。

因为那年头的日本并非铁板一块的统一政权,各地藩国两三百个,只要大方向紧跟中央,其余的细枝末节都可以自行决定。

如果我没记错的话,收税最厉害的一个藩是抽百分之八十七。

当然,这种不要脸的玩意儿只是绝少数。大多领主还是能比较恪守四公六民这一标准的。

不过,要是你以为农民的负担仅仅是责任田里头的那百分之四十,可就大错特错了。

如果想要搞副业的话,也必须纳税,专业名词叫作小物成。

除了纳税之外,农民还必须服各种徭役——参加藩国内土木建设的,叫国役;把家里养着的牲畜贡献出来用来给领主运东西的,叫传马役;当领主或是代官大人正巧要在村里过夜临时把屋子贡献出来给诸位大人们住几晚上的,叫助乡役;等等。

总之一句话:只有付出,罕有回报。

而且,以上说的都只是"基本付出",事实上在很多藩国,农民要承担的远不止这些。

于是这自然就要出乱子了。

第十八章 一切都为了上帝

话说就在《五人组制度》颁布的第二个月,一个惊天消息传到了江户:有人造反了。

接到消息的德川家光一开始还以为是哪个诸侯上城头扯反旗了,于是用非常愕然的声音问道:"哪个藩?"

家臣回报:"岛原藩和唐津藩。"

岛原藩位于今天的长崎县内,唐津藩在佐贺县,从地理位置上来看,前者在北,后者在南,两地中间隔着海。

于是家光又一惊,居然一反就反了俩,同时也止不住愤怒道:"好一个松仓胜家,好一个寺泽坚高!"

松仓胜家是当时的岛原藩藩主,寺泽坚高则是唐津藩的大名。

家光怒吼过两人的名字之后,旋即又一脸的疑惑:"这两人一个四万石,一个十二万石,加起来不过十五万石出头,居然也敢造反?"

手下一听连忙摆手,表示将军您弄错了,不是他们要造反,而是那两个藩的农民联合在了一块儿起事了。

之前还是一脸紧张的家光立刻又恢复了原先的那一份从容淡定,同时充满了不屑的神情:"只是农民的一揆吗?那就由他们处理,何必连这种事情都要来跟幕府汇报?"

由于当年横行战国的一向宗在进入江户时代后几乎被扑杀了个干净,所以农民们的一揆也较之以往要文明了许多,攻城略地之类的事情基本上是灭绝了，最多也就是大家聚在一块儿拿着锄头镰刀去抢一下领主大人家库存的大米。

所以德川家光根本就不在意，这年头哪还能没有几个乱民呢。

但那位报事的家臣却表示事情似乎并不那么乐观："松仓、寺泽两位大人要求联合用兵。"

根据《武家诸法度》，大名不经幕府许可是不能随便将自己领内的士兵带出藩国之外，否则就是谋反。

家光很莫名其妙："只是农民一揆而已，至于这样吗？"

"在下不知，但两位大人确实是这么要求的。"说着，手下把请求信给递了过去。

在信里，松仓胜家他们用非常着急的口吻请幕府批准用兵，同时还要求幕府的军事支援。

家光感到事情有些不对了："你立刻让人去打探两藩的消息，一有情况马上回来告诉我。"

数日后，又一个惊天的消息传了过来：岛原藩的岛原城和唐津藩的富冈城正在被农民们围着打，两城守军皆陷入了苦战，眼看着就要沦陷了。而松仓胜家跟寺泽坚高两人一筹莫展，完全陷入了龟缩状态。

家光当场就傻在那里了。

战国乱世都结束几十年了，这农民的战斗力怎么还那么强呢？

还有，好端端的，怎么就反了呢？

这事儿得从很久很久以前说起。

且说那位松仓胜家，其实并非九州人士，他的老家在大和国（奈良县），他爹叫松仓重政，爷爷叫松仓重信，也称松仓右近，是大和诸侯筒井顺庆的家臣。

筒井顺庆你知道的，本能寺那会儿出过场，明智光秀的好朋友。

当时筒井家有左右二护法，右护法就是松仓右近，左护法则是岛左近，后来跟了石田三成的那个。由此可见，这松仓右近，并非等闲路人。

庆长二十年（1615年），丰臣家覆灭，因为松仓重政有战功，所以德川家康特地将肥前国日野江城封给了他，石高四万。

日野江城就是后来的岛原城。这地方原先归有马家所有，因为有马晴信那档子事儿被转给了松仓家。

有马晴信是著名的切支丹大名，在他的带领下，日野江地区教徒很多，几乎达到了人人都挂十字架，家家都有圣母像的地步，即便是在幕府三令五申不许信教之后，也依然没有太大的改变迹象。

同时，他们还跟天主教国家葡萄牙有着密切的往来——这也就是为何有马家的武士会跟荷兰人大打出手的原因。荷兰跟葡萄牙不对付，朋友的敌人也算敌人。

结果有马家废了，松仓重政来了，他是大和土著，一辈子就没见过外国人，也不知道耶稣是谁，只晓得幕府把这块领地交给他，他就要忠实地执行幕府的政策——禁教。

不过，因为天主教在日野江这块土地上已经算得上是根深蒂固，所以即便是有心上行下效的松仓重政也不敢在初来乍到之时贸然行事，而是采取了比较温和的方式方法，以踩绘为主，拷打为辅，很少杀人。

可这种方法的效果很差，很多老油条当面对着耶稣的脸蛋一阵狂踩，别过身子就在自己胸口画一个十字："主啊，刚才不小心踩着你的脸了，饶恕我这迷途的羔羊吧。"

在家康时代，这种人一般是睁眼闭眼放他过关的，理由我们之前就说过，立场不坚定的变节分子多一个少一个都无所谓。可正所谓此一时彼一时，到了秀忠当将军的那会儿，幕府亲自出台过政策，正式把天主教的性质定性为邪教，只要你信，不管真心诚意还是虚情假意，那都是犯罪，等待你的，必将是法律的严惩。

所以松仓重政的那套就显得很没用了，忙了大半天也没怎么减少领内天主教信徒的数目，岛原藩仍然是邪教重灾区。

于是幕府终于火大了，宽永二年（1625年）的时候，德川家光亲自写了一道手谕派人送到岛原,痛骂松仓重政是个没用的东西,对付邪教如此心慈手软,还想不想混了?

第二年参勤交代的时候,家光还当场旧事重提,要求重政加紧取缔领内邪教。

重政一开始还在解释,说日野江属历史遗留问题,不能心急,心急吃不了热豆腐。

结果被家光一口呛了回去:"对那种人无须手软,想想元和年的事儿吧!"

所谓元和年的事儿指的是元和八年(1622年)八月五日,幕府在长崎一口气处死了55个天主教徒的事情。

说起来那次是弄得蛮惨的,55个教徒里有80多岁的老太太,还有很多妇女以及孩子,甚至连外国人都未能幸免。比如一个叫卡尔诺·斯比诺拉的意大利神父,也被绑上了刑台。这人要说还挺厉害的,他在庆长十七年(1612年)的时候曾组织教徒们用望远镜观看月食,这是日本有史以来第一次用科学的方法看待天狗吃月亮。

其实德川秀忠本来也没想弄死这批老弱病残,开始的时候他一直采取劝说方式,可怎奈何对方油盐不进,非常坚定地表示宁可死,也不会放弃信仰。甚至还有母亲抓着孩子冲着幕府官员吼道,这孩子是上帝的孩子,有本事你连他一起杀了——大家都认定了幕府不敢拿小孩子开刀。

于是老实人秀忠就这么被逼急了,火气冲天地下达了处决令,其中大部分人被判的还是非常残忍的火刑——用火活活烧死。

这次事件史称元和大殉教,当时轰动了整个欧洲社会,后来那55个人都被罗马教廷列了福,用中国人的话来讲就是给他们立了专门的牌位。

再说那受到了幕府严厉训斥的松仓重政几乎是在一夜间就完成了人格转变,从此以后他对付天主教的手段就只有一句话:信教不留头,留头不信教。

在那之后的岛原藩,一旦有发现洋教徒,通常的处理方法是在他脸上用烙铁印上"吉利支丹"(即切支丹)四个汉字,然后再送小黑屋严刑拷打——拷打内容清一色的是切手指,就是如字面意思把教徒的手指一根一根切断,一直切到他说出同党为止。

如果不招怎么办?倒也好办,若是碰上十根手指十根脚趾都剪光还不肯出卖同志的硬骨头,那就直接丢在开水里活活烫死。

这种残忍的手段使得短短十几年里整个岛原藩的天主教徒几乎被弄死弄残了百分之九十以上,剩下的那些残喘之辈,过的都是白天默不作声到了夜深人静才敢偷偷地划个十字拜个上帝的悲惨生活。

但松仓重政却并不满足。

宽永六年(1629年),他上书幕府,要求由岛原藩为先锋,出兵攻打菲律宾,理由是哥们儿发现那地方藏匿了很多信上帝的日本人,为了防止日后春风吹又生,必然就该在现在斩草除根。

也不知道是重政造孽太多还是上帝开眼,宽永七年(1630年),正在厉兵秣马准备解放菲律宾的松仓重政为了缓解多日辛劳而跑去泡温泉,结果泡着泡着就一头栽倒在池子里,再也没有起来,享年57岁。

消息传遍后岛原的教徒们各个高兴得不能自已,纷纷在胸前划着十字感谢上帝。据说还有一个教徒的母亲,70多岁的老太太,没见过上帝也不信那个,但听说剪自己儿子手指头的元凶死翘翘了之后,便立刻来到屋外,仰面朝天双手合十,口中念念有词,说阿弥陀佛,上帝保佑。

然而,他们都高兴得太早了。

重政死后,他的儿子胜家继承了家业。这家伙要比他爹牛多了,不光迫害天主教徒,就连不信教的都不肯放过。

农民
第十九章

如果要用一个词来形容松仓胜家统治下的岛原藩的话，那我想最合适的一定是人间地狱这个词。在那里，每个农民除了要缴纳常规的农业税和副业税之外，还必须额外承担由胜家本人亲自发明出来的人头税、住宅税以及死亡税。

岛原的农民如果死亡，家属一律都要向松仓胜家缴纳一定数目的钱粮，因为……没有因为，就是要钱。

林林总总的税收加在一起，基本上要抵掉一户农家一年收成的百分之七十以上。

所以很多农民都交不起这个税，这不是愿不愿意交的问题，而是真心给不出来——给了自己就得饿死，可饿死了还得再给一笔。

这真不知道该怎么说。

就这样，整个岛原的农民们都陷入了一种求生不能求死不得的水深火热的状态之中。为了自己也为了家人，大伙不得不咬牙挺了下来，被迫乖乖地上交每年劳动所得的百分之七十。

然而，正所谓哪里有压迫哪里就有反抗，自打松仓胜家主持藩政以来，岛原的抗税事件就没有中断过。对于那些反抗暴政的农民，胜家的办法相当简单：一律处死。

罪名是信天主教。

能把这两个完全没有关系的事儿给愣扯在一块儿说的，估计也只有他松仓胜家一人。

在他看来，农民抗税，表面上看不过是为了一口吃的，实际上却并非如此。这种行为的真正目的其实是为了反抗诸侯乃至推翻诸侯，农民本身当然没这种智商和魄力，势必是有人在背后捣鬼，而这幕后黑手，肯定是切支丹。

于是一套理论就此出炉：

抗税＝信天主教；

信天主教＝死刑；

所以，抗税＝死刑。

虽然很多抗税的农民真心只是为了一口饭，但显然松仓大人是顾不上琢磨这事儿的。

而且，岛原藩的死刑种类有很多，比较常见的有砍头火烤，水煮油炸等，其中最具地方特色的，是蓑衣舞。

这玩意儿简单说来就是让人穿上浇满了油的蓑衣，然后点燃，因为烈火上身时人的身体会不受控制地下意识肌肉痉挛，看起来很像跳舞。

每次有大规模蓑衣舞场面的时候，重口味的松仓大人还会亲自前往观摩，一边看一边笑着对周围被迫前来一起参观的农民说道："好好看看，这就是信邪教的下场！"

同时，为了能确保农民按时按量地把税金给缴上来，松仓胜家还参照幕府参勤交代的方法，发明了一套具有岛原特色的政治制度，即把各村庄屋的老婆孩子给押送到当地代官的家里，当作人质看管起来，一旦哪个村的缴税状况不理想，就让那个村的人质跳蓑衣舞。

这样的暴政，一连实行了七年。在这七年间，虽不断有人起来反抗，但却毫无例外地被全部镇压。屡屡失败的主要原因是由于力量过于分散，虽然此起彼伏，但往往"此"起的时候，所有的"彼"都伏着，无法形成规模。此外，用一句我们科学的话来讲，就是这帮农民没有一个比较先进或是说比较像样的指导精神，每次的口号不外乎"我们不纳税""放了我老婆"之类，所以永远只能是小打小闹。

这要放在中国，连农民起义都挨不上，最多算个群体性事件。

但是，一切的一切，都将在宽永十四年（1637年）被改变。

这一年十月十九日，岛原藩一个叫津村的村落里，迎来了一批浑身充满了杀气的武士。领头的，是当地代官林兵左卫门，他们是来收税的。

津村的庄屋叫与左卫门，是个好人，总是尽可能地给村民们行方便，有时候还会跟代官们讨价还价，好让大伙少交一点公粮。

但是这一年因为年岁太差，秋收的粮食别说是吃饱了，就是撑过冬天都有困难，所以津村的年贡迟迟未交，以至于代官林兵左卫门亲自带人找到了与左卫门，问他到底打算怎么办。

与左卫门哪知道该怎么办，于是只能接着拖，跟代官说您行行好再缓个几天吧。

代官倒也不多废话，表示我给你七天时间，你要再凑不齐你们村的公粮，就等着大伙一起围观你老婆跳蓑衣舞吧。

说完这个便大手一挥，指挥武士们冲进屋中，将与左卫门的妻子拖起来就走。

他的妻子这一年刚怀孕，此时已经快要临盆，但为了震慑津村，那位林兵大人不顾死活地下令将他的妻子投入与脖子齐高的水牢，并且放出话来，声称什么时候交粮食，什么时候放人，一天不交，就泡她一天。

那天晚上，村民们纷纷来到了与左卫门家中，表示宁可把粮食通通交出去然后干挺着坐等纳死亡税，也不愿意看到村长的老婆被活活泡死。

但与左卫门不肯，他并不想因为自己一个人的事情而连累整个村子。

于是双方整整争执了一夜。到了第二天太阳升起的时候，与左卫门村长拍板决定，公粮暂时不交，自己先去跟林兵左卫门求求情，人心都是肉长的，兴许人家心一软，就把人放了呢。

但事实证明他太天真了。在之后的数日里，不管与左卫门怎么斡旋沟通，对方都寸步不让，非常坚决地表示公粮一粒不能少，什么时候给，什么时候把你老婆从水里捞出来。

这就这样到了第六天，正当与左卫门准备再找那些人谈谈时，林兵左卫门却突然主动派了个人来到了津村，通知他去一趟。

与左卫门是一个人去的，但回来的时候，却是三个人。确切地讲，是一个活人和两具尸体。

他的老婆在水牢中生下了孩子——孩子当场淹死，母亲则因筋疲力尽而倒在了水中再也没能起来，她凭着最后的意志摸到了孩子的尸体，然后紧紧地把他抱在自己怀里。

和尸体被一同带回来的，还有代官的一句话："明天就是第七天期限了，再不交税，一律以信邪教论处。"

与左卫门盯着老婆孩子的尸体发愣，愣着愣着突然就笑了，笑着笑着突然又哭了："这就是农民的命啊。"

村民们被激怒了！

如同火山爆发一般他们拿起了武器，冲进了林兵左卫门家中，将他提溜了出来，然后举行公审大会。

大会上数百个声音一齐发出了怒吼："蓑衣舞！让他跳蓑衣舞！"

就这样，伴随着凄厉的哀鸣和熊熊的火光，林兵左卫门的生命被画上了一个并不好看的句号。

然而，当火焰熄灭，原先还活蹦乱跳的代官变成了一块黑炭之后，稍稍恢复了冷静的农民们才意识到，这事儿闹大了。

本来嘛，不交税就已经是死罪了，现在又把代官给蓑衣舞了，那估计死全家都不够。

"既然如此，那就拼了吧！"有人这样喊道。

接着就是一片响应："对，拼了！拼了！"

但是跟谁拼，怎么拼，没人知道。

大伙并非不明白自己苦难生活都来源于松仓胜家，可跟大名拼命，农民们却还没那个胆子。至于如何拼命，那更是这帮整日里面朝黄土背朝天的庄稼汉们想都没想过的。

就在众人一筹莫展的时候，一个不速之客突然出现在了他们的面前——那是邻村的庄屋。

此人的名字至今已然不可考，但是他却提出了两个至关重要，直接改变这支农民队伍命运的建议：第一，是联合其他村庄一起造反，目标岛原城，也就是松仓胜家的大本营；第二，由于考虑到光靠这些村民是肯定无法完成第一条的，所以得找帮手一起干。

对此，与左卫门唯一的疑问就是，找哪个帮手？

第二十章 预言之子

"你知道预言之子吗？"邻村的村长问道。

与左卫门摇了摇头："预言？什么预言？"

邻村村长又抬头看了看其他人，发现大家也都面面相觑，似乎没人知道这档子事儿，于是便清了清嗓子，找了一块石头坐下，开始讲起了故事。

却说在庆长十九年（1614年），有一个叫马尔克斯的西洋神父因为无视幕府禁令我行我素地宣传天主教而被捕，不过由于当时的政策还没那么严酷，所以幕府没杀他，只是判了个驱逐出境。

马神父在日本待了十来年，为人善良平易近人，深受广大人民群众喜爱，同时他自己也深深地爱着这片土地，所以这个判决一下来，大家谁都舍不得对方。

在码头上，教徒们含着热泪，不断问着何日君再来，但显然是问了也白问。

就当马尔克斯要临上船的那一刻，他对前来送行的人说道："二十五年后，这里将会有圣童降诞，然后，他会改变世界。"

"这里"，指的是马神父在日本的常驻地区，名叫天草，位于今天的熊本县内。当年这地方一度是小西行长的势力范围，所以也是天主教普及率非常高的地方。

马尔克斯就这样离去了，但那句话却在天草被传开了，并且越传越邪乎。

这句话在家光时代终于被发展成了一篇短文，并且到了宽永十四年（1637年）有了最终版本，内容大致如下：

孩提的记忆中，我曾遇见一位贤人，他迎着灿烂的夕阳，迈步向前走。

此人正是为天草带来上帝福音的伟大神父——马尔克斯。

虽然最终神父被邪恶的幕府赶出了日本，但却把最后的指导留给了我们：二十多年后，会有一位16岁左右的少年出现在天草。他是预言之子，他从小就无所不知，并且拥有神奇的力量，将给世界带来巨大的变革。

当天空出现异常，大地盛开着不祥之花，国家发生变动的时候，预言之子便会振臂一呼揭竿而起，举着白色十字旗带领人们推翻异端，代表基督上帝拯救黎民苍生于水火之中。

总的来看，预言的核心内容不曾变化，只是在时间上出现了些许变化。

这个你懂的，真要定死了，万一到时候说好的人不来，那就丢人了。

说起来倒也凑巧，宽永十四年（1637年）的天草也确实是怪相百出，先是天空时不时地会来一场火烧云，把原本的青空弄成了红天；接着又在那一年的秋季，樱花突然就绽放了，弄得人心惶惶。而且当时德川家光自打死了弟弟忠长之后，心情就一直不怎么好，正所谓病由心生，故而健康状况也一直不怎么理想，总是会染上点小毛小病。本来这也不算啥大事儿，可消息传到天草之后又变了样，说是将军命不久矣，幕府就要垮台了，就这样"国家发生变动"的征兆也算是有了。

更为凑巧的是，就在这个时候，有关预言之子的消息也出现了。

预言之子的名字叫天草四郎，是土生土长的天草人，那一年16岁，是一个坚定的天主教徒。

同时，正如预言中所说的那样，天草四郎从生下来便具有无比的神力。在九州的很多地方，都流传着他的故事。

比如说，他通晓天文，熟悉水性。所谓通晓天文，就是只要星期一晚上仰望星空就能知道星期二是晴是雨；所谓熟悉水性，这个技能更凶残，据说这哥们儿可以直接在海面上行走，如履平地，毫无压力。

再比如说，他精通医学，拥有比治愈系更治愈系的超能力。说曾经有一个盲眼的姑娘，从生下来第一天就看不见太阳，这女孩听说天草四郎能治百病，便抱着试一试的心态找上了门，结果四郎只是用手轻轻地摸了一下她的脸，便轻松地把那姑娘从无尽的黑暗中解救了出来。

说实话，我已经懒得吐槽了。

在海上走路，这估计是复制了中国的妈祖，至于那个摸脸治盲的桥段，很明显是抄袭了圣经里耶稣用唾沫让瞎子复明的典故。

此外，天草四郎还是个美少年，唇红齿白宛若森兰丸再世，据说是只要看他一眼，但凡女性都会为之倾倒，故而得名雌性杀手。

总之，这是一个有思想有信念，德智体美劳全面发展近乎完美的超级美少年，换在今天真是给他戴五条杠都嫌少，得再加几个平方。所以，当时的天草有数千名信奉天主的教徒偷偷地成立了地下拜上帝会，并拥戴天草四郎为领袖，他们的宗旨比较犀利，那就是用武力的手段在日本的土地上复兴天主教。

但问题是这种踏海听涛摸人治病的神迹你敢信吗？

你不敢信是因为你活在21世纪，而活在宽永年的众农民们就没那么高的觉悟了，至少与左卫门在听完预言之子的故事后，显得非常激动："那我们是不是应该去找他，让他带领我们干一番事业？"

邻村村长点了点头："正是。"

可与左卫门又有些为难："他是预言之子，怎么会跟我们这帮泥腿子一起打天下？"

"预言之子从不把人分三六九等，只要信奉上帝，无论贵贱他都一视同仁。"邻村村长说道,"要不你们津村的众人也跟我一起信上帝吧,这样到时候见了预言之子也好说话。"

原来,邻村的村长以及许多村民都是潜伏并活跃在敌人内部的地下信徒。

其实他们还成立了一个类似于地下教会的组织,取名Confraria,这是葡萄牙语,意为"手足团体",其核心只有一句话:无论受到怎样的对待,只要坚持信仰上帝,便一定能得到救赎。

与左卫门当即点头答应,表示自己和津村村民从此以后就是信奉上帝之人了。因为事态紧急,所以也顾不上洗礼洒圣水之类,大伙匆匆在胸前画了十字就算入教了。

"算你们运气好。"邻村村长说道,"你知道么,早在几个月前,预言之子就说过,他预测到今年冬天会有一场大瘟疫袭来,先是从天草扩散到九州,最后是全日本。到时候,只有手握十字架的人才能幸免,其余的,都得死!"

也不知道这来的到底是瘟疫还是吸血鬼。

经过商议,最终定下来的初步作战计划是:邻村的村长亲自前往天草拜见预言之子,请求他带领岛原的子民一块儿造反,而岛原的人则继续留在岛原,一边吸收更多的人加入队伍,一边接着搞武装暴动。最终目标是松仓家的大本营——岛原城。

要说松仓胜家真是个头上长疮脚底流脓的坏坯子,津村一揆的消息一经传开,整个岛原藩差不多是一呼百应。各村各庄的精壮汉子纷纷拿起钉耙锄头加入起义大军,甚至连妇女儿童也一块儿拿着木棍竹枪,高呼着打倒松仓胜家跟随起义军杀向了岛原城。

另一边,邻村的村长偷偷潜入天草,找到了也是信上帝的好友,说是有厚礼相送,要他带着自己赶紧去见预言之子。

但得到的答复却是预言之子不是隔壁老王,不是你想见就能见的,不过看在咱俩多年一块儿侍奉上帝的分上,我可以给你引荐一下他的侧近。

侧近的名字叫益田好次。

此人当年曾是小西行长家的重臣,俸禄六千石,精通战阵谋略,他和天草四郎的关系简单说来就是……父子。

不错,天草四郎本名益田四郎,为了配合"降临在天草的圣童"一说,特地改名天草四郎。

而他的所有事迹,从策划到包装再到宣传,全都由亲爹益田好次一手完成。

换言之,天草四郎是个大明星,益田好次则是他的经纪人。邻村的村长想要请大明星出场干点活,那必然得先跟经纪人谈妥条件。

就这样,两人在一间小茅屋里见了面。

村长先是自我介绍了一番,接着又把岛原的斗争形势简单地说了一下,然后表示,希望能由天草四郎出面,以上帝的名义领导队伍,推翻幕府。

"如果能在预言之子的带领下战斗,那想必士气定会大增,战斗力也会大大加强吧。"

他说道。

但益田好次却一言不发,只是在看地图。

村长不知道对方为何是这种态度,于是便又试探性地问了一句:"益田大人,您是否愿意呢?"

"是你们来天草,还是我们去岛原?"益田好次终于开了口。

不得不说这话问得还是比较专业的。既然说好了要跟预言之子混,那么不管是"来到"他的旗下,还是让他"过去"带领,势必得把双方的力量结合在一起。

可毕竟起兵造反不是请客吃饭,由不得你跟盲流似的在别人地盘里到处乱窜,所以不管是谁去还是谁来,移动的那一方,肯定得发生额外的战斗。既然发生额外的战斗,那绝对得产生额外的损失,闹得不好中途被歼灭了也是有可能的。

所以益田好次的言下之意其实很明确：要么就你们来天草跟我们会合，要么就当你今天没来过，你们还是接着闹腾你们的。反正，我们是不动如山的。

但那位村长却非常坚定地表示，双方是一定要拧成一股的，同时领袖也可以是预言之子，但必须是你们来岛原。

益田好次问，凭什么。

村长说，凭这个。

说完，他从怀里摸出了一张纸，摊在了对方的面前。

益田好次拿起来看了一眼，又放了下来，两眼盯着村长好一阵，接着又把纸给拿了起来，放在眼前仔细地读了一番，之后，用双手递了回去。

"那好，那就由我们这边动身，去岛原。"

此时的他，再也没有刚才爱理不理的样子，而是一脸的恭敬。

这不是一封普通的信，它来自梵蒂冈，写信人是当时的罗马教皇乌尔班八世。

内容只有短短的一句话：请你们坚持到底，在最危难的时候，我会向你们派出大批援军，他们都是忠贞不贰的教徒，并且拥有殉教的觉悟和抛弃祖国的勇气。

收信方是岛原地下教会，寄信时间是宽永四年（1627年）。

也就是说，远在罗马的教廷对于在日本发生的事情其实知之甚多，并且双方一直都互有往来，而且，援军登陆的地方，是岛原。

那么显然以岛原为中心展开活动才是上策。

不过事情进行到这一步，可以说它的性质也已经发生了变化，不再是单纯的农民反抗暴政，而是变成了以天主教徒为中心，力求以武力推翻幕府的暴乱。

至于农民，则渐渐地沦落成为了他们的工具。

双方商议既定，益田好次便决定即日起兵。

这一天，数千人马在天草四郎的振臂高呼下，浩浩荡荡地揭竿而起，和岛原一样，也是短短数日就集结了大批跟随的民众，然后四处攻打各地城池。尽管这群人忙了好几天一座城都没打下来，可倒也不是完全没有收获，至少所到之处民众纷纷主动跟随，几乎就在三四天里乱军的人数就扩充了五六倍。

十月末，他们来到了富冈城下，准备攻城。

面对来势汹涌的乱军，没有任何心理准备的松仓胜家虽然是手忙脚乱地开始镇压，可怎奈何对方人数众多，能够守住大本营岛原城就已经该烧高香了；至于那位寺泽坚高，则已经是完全被吓傻了。其实这位是个好人，除了日常镇压天主教徒之外，对领民还算宽厚，却没想到这回不管领民还是教徒都冲着自己来了，最要命的是他那唐津藩一反就反了整整七八成，几乎是举国皆匪，纵然是想出兵平叛，也不知道该从哪里打起。

万般无奈之下，两人只得向邻近诸藩求援，要求他们带兵来救，帮着一块儿平定动乱。

当时岛原藩和唐津藩周边主要的大名有福冈藩（福冈县内）的黑田家，柳川藩（福冈县）的立花家，佐贺藩（佐贺县）的锅岛家以及熊本藩（熊本县内）的细川家等。

松仓胜家和寺泽坚高两位大人一个不落地给那几个诸侯挨个写信求救，希望他们看在大伙都是幕府手下武士以及好邻居的分上，出兵帮一把。

虽然信写得那叫一个情真意切，但却没人鸟。原因之前已经说过了，根据《武家诸法度》，没有幕府的命令胆敢领兵出境的，一律以谋反论。

熊本藩藩主细川忠利对此事曾经公开表示："哪怕明天他岛原城就被拿下了，只要我这里没有收到幕府的命令，那就只能作壁上观。"

于是这就彻底没辙了，松仓、寺泽两人只能在自家城中死扛乱军，同时静静地等着幕府那边的消息。

等到德川家光收到报告,也就是本章开头那一幕的时候,已经是十一月八日了。

第二十一章 幕府出阵

家光立刻集合群臣，召开会议商量对策。

讨论的结果就是大伙认为这事儿根本就不是个事儿，这乱军看起来声势挺壮观的其实说到底不过是一帮泥腿子聚众闹事，只要派重臣一名，代表幕府率领九州诸侯联合攻讨之即可。

原本还有点担心的家光在听了众臣们你一言我一语的豪迈之词后，顿时也觉得这事儿没啥了不起，凭着幕府的威名和实力，随便弄弄便能轻松搞定。

于是他当众问道："有谁愿意率兵出征岛原天草的？"

家臣们一看建功立业的机会来了，于是争先恐后地主动请缨，一时间会场里人声鼎沸热闹非凡。

最终那个被选定了的幸运儿叫板仓重昌，之前有过登场。

之所以说他是幸运儿，因为在当时的大伙看来，这厮纯粹是去战场上白白捞一票军功的，不用费任何力气。

注意，我说的是当时。

板仓重昌，骏河人，时年49岁，尽管出身名门，但其本人并没有什么特别过人的地方，如果一定要深究的话，那我想或许应该是忠诚。

这是一个忠诚度很高，并且非常一根筋的认真之人。

话说在当年大坂之阵的时候，重昌曾经作为德川方的外交代表和丰臣家谈判。在双方洽谈的过程中，也不知道是谁起的话题，淀夫人突然就问道说，你们德川家现在有两个将军，一个德川家康一个德川秀忠，如果真的让你只能挑一个的话，你挑哪个？

"当然是德川家康殿下。"重昌想都没想就回答道。

事情传回江户，家康亲自找了一回重昌，表示你这话欠妥，至少不该在外人面前这么说，毕竟现在的幕府将军是秀忠，不是我家康，你怎么可以在公众场合把我一个退休的将军置在现任将军的头上？

听了这话之后，板仓重昌仍是没有多想，张口就道："忠臣不侍二主，只要大御所您健在于世一天，我就只认您一个主公！不管人前人后皆是如此。"

纵然是德川家康，也被这番话给感动到了，将重昌大大夸奖了一通。

而秀忠知道这事儿之后，非但没有丝毫不爽，反而也跟他爹一般对重昌大为称赞，后来还把三河国的深沟藩封了给他，算是提拔他当了大名。

不过，虽说是大名，可石高仔细算来的话也不过一万五千石，属于大名中的贫困户。而且任谁都没有想到的是，正所谓成也萧何败也萧何，这份比上不足比下有余的家业，最终将给板仓重昌带来巨大的麻烦，此事我们之后会来详细扯淡的。

却说就在重昌临阵受命的那会儿，九州的斗争形势又发生了变化。

岛原藩的农民们攻到了岛原城下，和岛原藩的武士们发生了激烈的交战。让武士们感到意外的是，这些拿着锄头粪叉的泥腿子们的战斗力丝毫不在他们之下，松仓胜家和众家臣们拼了老命，才守住了大本营，将农民军堵在了城墙外。

农民们则在城外安营扎寨，准备长期作战。

海峡对岸的唐津藩情况也差不多，天草四郎军在益田好次的指挥下，把目光投向了富冈城。

富冈城的守将叫三宅藤兵卫，是明智光秀的外孙，明智左马介秀满的儿子。

这家伙因为在本能寺之变后被细川家收留了，所以受细川忠兴夫人玉子的影响，一度也信上了天主教，不过并不算坚定分子，在禁教令公布后，便很随大流地放弃了信仰。

当时城下的天草军有上万人，虽然绝大多数都是拿着粪叉的农民，但一眼望过去黑压压的一片总叫人心里发毛，而城里能打的不过几百来人，所以三宅藤兵卫很自然而然地选择了据城死守，顺便再派人去向寺泽坚高求援。

寺泽坚高倒也靠谱，二话不说就拨了一千五百人过去。

你不要觉得这厮小气，给的人少，其实并不是这样的。

在当年的日本，一个地方的军事力量是跟它的生产力有着密切联系的，通常的计算公式是一万的石高，能养兵二百五十人左右。唐津藩十二万石，满打满算也就是两三千人，富冈城里的几百人加上援军一千五，那基本上是占了全藩兵力的一大半，他寺泽坚高已经算是很给力了。

只是无论如何都没料到的是天时不好，这一千五百人才出发就碰上了狂风暴雨，行进困难，一直磨到了十一月十日左右，才抵达天草。这时候富冈城已经都快要被那帮农民给拆了，三宅藤兵卫情急之下不得已率军出城迎战，虽然看上去是一幅豪气万丈的画面——几百人的小部队在一名大将的带领下犀利地冲进数万人的阵中，可结果却是异常悲催的——藤兵卫寡不敌众，被活活砍死。

好在援军及时赶到，并趁着藤兵卫跟乱军在城外纠缠的当儿冲破包围圈进了城中，继续死守，这才勉强保住了富冈城免于落入敌手。

而乱军则接着围城攻城，战斗再度陷入了僵持状态。

就这样双方一直耗到十一月中旬，富冈城外围的天草四郎军突然就解除了包围，然后浩浩荡荡地渡海北上，从者一万四千余人，占天草总人口九成左右。

寺泽坚高快要哭了，因为这样一来，那地方基本上是人去地空，成了无人之境。

当月下旬,天草军抵达岛原,和两万三千岛原农民军顺利会师,然后三万七千大军以摧枯拉朽之势占领了原城。

原城又称日暮城,是一座废城,原先是日野江城的支城,后来被拆了,只剩下几块不怎么相连的石头墙跟壕沟,连城门都没有。不过这城的地理位置极好,位于岛原半岛的最南端,三面环海,易守难攻,所以益田好次决定,把此城改造一番,权当暂时的据点。

就这样,乱军占了原城。而岛原和天草两藩因为没有上头的命令,所以既不能找人帮忙又不敢合兵一处,于是就出现了这样一个奇怪的景象:天草藩的寺泽坚高窝在已经被差不多被搬空了一小半的家里郁闷,而松仓胜家虽有心杀贼,却无奈手头兵力不够,也只好据岛原城死守,以防敌军反攻过来。

消息传到江户,又是一片哗然。

而板仓重昌则是一万分地闹不明白:因为自己早在离开江户前就定下了一套自认为非常强悍的作战计划——将分开两地的乱军分而围之再各个击破。可现如今对方仿佛是看穿了自己作战意图一般不再恋战主动结束了包围再顺利会师,这是为什么?

为什么明明是一帮泥腿子却变得如此聪明?

其实答案也很简单,虽然乱军之中,农民是占据了绝大多数没错,可他们终究不过是负责冲锋陷阵挡刀顶枪的炮灰。在乱军高层里,几乎没有务农出身的人,全都是武士,准确地说全都是浪人——并且还是信仰天主教的浪人。

这些人要么是历次战争中因为主家失败而不得已下了岗的,要么就是当年铲除天主教运动中的受害者。他们跟农民合作不是想搞无产阶级革命,而是打算利用农民在数量上的优势来推翻幕府,然后缔造一个新政权,这样一来,这帮人便既能恢复从前的俸禄领地,重新变回统治阶级,又能继续信仰他们的耶稣基督。

这也就是为何我口口声声称他们为乱军而非起义军。

农民们是真的活不下去了没办法,而这些自称信上帝的孙子们,只是为了一己私欲的王八蛋而已。

当月二十六日,板仓重昌抵达天草,然后立刻以幕府的名义集结了九州诸藩大约十二万的部队开到了原城城下,并且为了表示自己身先士卒,他还特地将自己的大本营设在了离开城池不远的地方。

之后,重昌便下达了进攻指令。

但是却没人鸟他。

理由是诸侯们表示连日来秋雨绵绵,以至于铁炮受潮,无法发挥有效的性能,所以还请总大将板仓大人多多体谅,延缓攻势。

板仓大人当然没打算体谅这帮家伙,可无奈对方人多势众,自己虽然贵为总大将,但终究手下没几个兵,打仗还得靠这些诸侯,所以也不敢闹翻,只得同意等雨停了再说。

其实他也知道,下雨也好天晴也罢这都是借口,真正的原因是大伙都不想去。

之所以不想去,是因为大伙都不待见自己。

九州的各路诸侯,随随便便拎出一个来都是十几万甚至几十万石的身家,比如福冈藩的黑田家,石高四十三万;熊本藩的细川家,石高五十四万。结果就是这么一群高富帅,现在居然被一个石高一万出头的家伙给带领着去打土匪,连称他一声大名都觉得勉强,想要服众,难。

其实板仓重昌也是如坐针毡,自己一个穷孩子坐在一堆有钱人中间指手画脚的感觉真心尴尬,可事到如今想要知难而退撒手不管,似乎又不太妥当,于是他也只能咬着牙硬着头皮地挺下去。同时为了保全幕府的面子,重昌又不得不表示,其实自己夜观天象,早就知道了这几天阴雨连连,正打算把进攻日期往后拖呢,没想到大家居然主动说出来了,真有悟性。

就在讨伐军等雨停盼天晴的纠结当儿,那边的原城里头,也展开了轰轰烈烈的战前总动员。

总动员的主要内容是放精神原子弹，就是把天草四郎塑造成精神领袖以及上帝代言人让众人膜拜，同时还弄了一面军旗，白色的底子，上面画着圣杯和十字架以及两个跪拜的教徒，而且高层们还公然宣称，只要团结在这面旗帜和天草四郎大人周围和幕府战斗，那就能获得刀枪不入的神力。

值得一提的是这面军旗的绘制者，他叫山田右卫门作，是天草方面军的副统帅，去掉天草四郎那个只能看不能用的精神招牌，这家伙能算得上仅次于益田好次的二把手。

这人本是有马家的家臣，年轻的时候就跟葡萄牙人学了一手上好的西洋画，并且也是个非常标准的天主教徒。

在幕府下令禁教之后，右卫门便被迫放弃了信仰，同时，随着领地的易主，他的主君也从原先的有马家变成了松仓家。

对于松仓胜家而言，这位山田右卫门作不过是一名普通到不能再普通的家臣而已，然而让他根本没想到的是，这哥们儿居然是身在曹营心在汉，非但没有放弃他心中的圣母上帝，甚至还一直都跟岛原藩的地下教会有往来。在岛原天草两地起事之后，山田右卫门作便立刻追随同志诸君，投入到了轰轰烈烈的倒幕斗争中去了。

虽说是确立了预言之子精神领袖的地位外加还画了很漂亮的军旗，但实际上乱军总指挥益田好次从一开始就很明白，这一套焚黄表升香烟请来个洞诸神仙的把戏除了坑坑那帮没文化的泥腿子之外屁用没有，要想赢得这场战争，首先最紧要的事情就是先守住这座城。

所谓守城，其最大的奥义有两样：内部团结一致，外部有援军。

现在内部已然是上下一心就差把天草四郎当上帝来拜了，剩下的，便是外援。

这点益田好次倒也不含糊，他多次拿出乌尔班八世的那封信给众人传抄，并且反复声明，只要大伙坚持坚持再坚持，那么在不久的将来，罗马教廷就一定会派来西洋援军,一定能把城外的那些个幕府军给消灭殆尽,最终的胜利,一定将属于我们。

话是这么嘚不嘚地说了一大堆,但对于"不久的将来"这一短语,他并没有给出任何实质性的说明,不过好在倒也没人问。

十二月十九日,总算是雨过天晴,太阳当空照的跟个烧饼似的,板仓重昌再度提议准备攻城,这一回诸大名实在找不到反驳的理由,于是便只能收拾收拾各自带兵出发了。

二十日,十多万的幕府军浩浩荡荡地来到了原城脚下。

接着,总大将板仓重昌挥动采配,下达了攻击令。

根据他事先制订的作战计划,战端一开,先由锅岛家的部队组成佯攻部队,诱敌出战,然后再让立花家从正面攻击,同时松仓家在一旁辅助援攻。

这个作战计划是否高明已然是没了讨论的价值,因为它根本就没有被付诸行动。

收到命令后第一个跳起来的是锅岛家,他们表示,自己佐贺藩向来是实在人,从不玩虚的,故而拒绝担任什么佯攻,要当就当主攻手。你板仓大人若真想佯攻,就让他柳川藩的立花家去佯攻吧。

立花家众人一听这话当然就立马不高兴了,称我们立花家纵横战国几十年从日本打到朝鲜再从朝鲜打到回日本,怕过谁啊?凭什么就要老子佯攻?

两家就这么吵吵开了,而松仓胜家也不失时机地出来横插一脚:要不,这主攻任务就交给我们岛原藩了吧?强龙不压地头蛇嘛。

于是板仓重昌是真无奈了,按平常要是出了这种事,肯定第一个要找藩主商量,可如今佐贺柳川两藩的藩主锅岛胜茂和立花宗茂全都不在场,正在江户参勤交代中。

所以他只能两手一摊,表示你们爱咋咋地吧,随便打。

反正自己大军十二万,对方虽然名义上有三万七,可真正能打的,不过一万出头，其余的全都是老妈子小屁孩等农民家属，双方兵力实际上相差超过十倍，所以在板仓重昌看来，幕府军就算是咬，也能把这原城给咬垮了，战术什么的，都是浮云。

上午9点，立花军和锅岛军一拥而上，朝着原城正门冲杀过去，但还没有摸到城门，便回头挨了一阵枪弹和石块。

两军打算先行后退再做计较，可退不了，因为地方太小人太多，转身不能。

就这样，他们陷入了被动挨打的境地。

正在城上督战的益田好次一看机会来了，便立即下令开门迎战，就这样，三四千名乱军配合着城头的枪炮一齐杀出，给幕府军造成了极大的伤亡。

板仓重昌在阵中看得着急，连忙叫人去通知松仓胜家，让他赶紧去救。

但结果胜家却是一点回音都没有，哥们儿稳稳当当地坐在自己的小马扎上看着另外两家人马挨打，就跟看戏似的。

总之这一天是乱透了，十二万人马从太阳升起折腾到夕阳西下，连原城的城门都没攻破，而且还折了不少兵力。板仓重昌眼瞅着这仗实在是没法再打了，才不得不鸣金收兵。

幕府军战败于原城城下的消息很快就传回了江户，这次不是哗然了，而是震惊，举城震惊。

从这场事端爆发到板仓重昌去九州为止，几乎人人都认为那只不过是一场普通的农民聚众造反，虽然夹杂了个把切支丹，可主流依然是那些个面朝黄土背朝天的泥腿子，没甚可怕的。即便是聚集上万之众也跟上万只蚂蚁没甚区别，挥一挥手就能烟消云散。却没想居然如此厉害，十万大军都剿灭他不得。

德川家光急了。

第二十二章 柳生十兵卫

事到如今家光终于明白,这不是一场普通的农民起义。乱军的核心,是由信仰天主教的武士组成,虽然当时家光还不知道乌尔班八世的那封信,但凭着他的智商,也差不多已经猜到了那帮人多半跟国外势力有着千丝万缕的联系。

如果让这帮人成事了,那不光幕府得完蛋,就连日本都保不住。

江户幕府为何要禁止天主教的传播,原因我们之前曾经提过。因为天主教对于日本的传统文化和信仰是一种冲击,它很有可能把日本的传统毁得干干净净,但是,这不过是其一。

我们现在要说的,是其二。

在说之前,还有一件事儿必须得交代一下,那就是战国时代,日本的天主教徒都在干些什么。

或许有人会说,这还不简单么,天主教徒还能干什么?无非就是吃喝拉撒睡,外加拜上帝。

如果真的只干这些,那么鬼才会去吃饱了禁教。

实际情况的是,当年日本的天主教就跟今天的传销老鼠会一般,为了拉人入伙可以不惜一切手段。信了教的教徒往往会从自己的亲戚朋友入手,拉帮结伙地要别人跟着自己一块儿信上帝,亲戚朋友拉光了再拉邻居,邻居不肯就上门打砸抢,逼着人家在胸口画十字才算完。

等到全村的人都信了上帝之后,他们又把目光转向了寺庙。

因为那时佛教在天主教眼里是异教，属于要消灭的对象，所以一到农闲，那些农民们就会戴着十字架，高呼口号冲进庙里，砸佛像的砸佛像，抢庙产的抢庙产，砸光抢完，再把和尚拉出来游街批斗，要他们认识到自己过去所犯下的严重罪行。

因为这种手段实在过于暴力，所以天主教盛行地区的流血事件从来都没间断过，即便闹出人命，那也是家常便饭。

你是不是想问一句为何领地内发生这种惨绝人寰的事情大名都不会管？

答案很简单，那些个切支丹大名，不管是真信教还是装信教，只要肯信，那么每年那些洋教士们都会给他们弄来大批西洋军备，比如当年大友家的那堆取名"国崩"的大炮，就是这么来的。

至于洋教士为什么要给切支丹大名们提供军备，这其中的奥妙也是显而易见的：他们打算让信教的大名统一日本，然后把整个日本都变成和欧洲一样的天主教国家。

说得直白一点，就是打算以天主教为契机搞变相殖民。

而丰臣秀吉、德川家康等人正是看穿了这一点，才会接二连三地颁布政策，严禁天主教传播。

说到这里就不得不提另一位也看穿过洋鬼子险恶用心的日本民族英雄，那便是织田信长同志。

话说这哥们儿当年如日中天，而且为人又很开明，所以成了传教士们争相拉拢的对象，众洋和尚们都觉得，这厮又是杀和尚又是烧寺庙的，肯定能成为一块信上帝的好料子。

于是有一个跟信长混得很近名叫弗洛伊斯的传教士有一次就很开门见山地对他说道，信长大人，你那么喜欢洋枪洋炮和洋玩意儿，不如跟着我们一起信上帝吧，这样既能净化身心，也能更方便地得到舶来品，一举两得，何乐而不为呢。

结果信长想都没想就给了一个让弗洛伊斯差点昏过去的回答："不

了，我是法华宗。"

法华宗是佛教里的一个门派。信长的意思是说他信佛。

这时候距离那厮火烧比叡山不过才过了一两年。

其实信长尽管行事作风类似于不着调的外星人，但这并不代表他傻，对于外国人，他只是利用，绝不盲从，这点跟德川家康非常相似。

从这里我们可以看出，那年头的日本，至少中央政权对于外国势力是有着相当戒备心的，因为他们觉得外国人不安好心，是造成国破家灭的不安要素之一。

所以德川家光才会如此不淡定，一副生怕幕府被洋人给摧毁了的模样。

二十二日，家光在江户城召开了紧急会议，专门讨论岛原动乱一事。

与会的全是德川家的重臣，如土井利胜、酒井忠胜等等。

群臣正襟危坐，等待开会。

"十兵卫来了没有？"家光瞅着众人，然后冒出来这么一句话。

很快，一个左眼戴着眼罩的人走了出来，接着朝家光跪下，并行了礼。

此人便是大名鼎鼎的柳生十兵卫。

他的爷爷是之前提到过的，上泉信纲嫡传弟子柳生宗严；他爹，则是江户幕府连续两代将军的剑术老师柳生宗矩。三代人一起合称柳生三天狗。

天狗是妖怪，很厉害的那种，但在日本，说你是妖怪不见得在骂你，多半是称赞你厉害。

说起来柳生宗矩也是个猛人，在元和元年（1615年）大阪夏之阵最后一仗天王寺之战那会儿，因真田信繁等人的死战，以至于德川家康和德川秀忠两人所在的大本营都遭到了丰臣军的直接攻击，其中家康下令偃旗息鼓了一把而秀忠则亲自拽起长枪就要拼命，之前我们都已经说过了。

虽然前面同时也说过，无论是家康和秀忠，都没有遭到什么不测，尽管这是事实没错，但却并不意味着什么也没有发生，至少有惊无险的小状况小高潮，还是存在的。

话说在战斗打到最激烈，战场上最混乱的时候，丰臣家组成了一支特别行动小分队，总共七人迂回前行。经过一阵左穿插右渗透之后，这个小分队猛地出现在了秀忠跟前，然后齐刷刷地举起了手里的家伙，打算将他当场击毙于马下。

就在这危急时刻，一直在将军身边搞保卫工作的柳生宗矩挺身而出，将这七人如数击倒，德川秀忠安然无恙，史料中的原话是"瞬杀"。

从此他名声大噪，人送外号七连杀。

后来，他担任了将军家的剑道师傅，德川家光便是他给教出来的。

而柳生十兵卫，则正是这七连杀的嫡长子。

他从两三岁开始就必须得接受无比严格的剑术训练，有时候父亲柳生宗矩还会亲自前来视察学习成果——和自己的儿子对战一场。可即便拿的是竹刀，十兵卫每每还是会被父亲打个遍体鳞伤。

不过也多亏了这样的磨炼，才使得十兵卫迅速成长了起来，有时候，连父亲都难以抵挡他的攻击。

然而，这种危险的对练终于出了问题。某日，柳生宗矩因被儿子的剑势逼得太紧，一下子使出了大绝招，等他反应过来的时候，手中的竹刀已经重重地戳向了十兵卫的左眼，想收也收不住了。

悲剧就此酿成。

一道刺耳的击打声，一声惨叫，一股鲜血从十兵卫的左眼中溅出。

接着，十兵卫捂住了自己的右眼，蹲在了地上。

柳生宗矩的第一个反应是完蛋了，这下完蛋了，孩子伤着脑子了。

他从来没见过被捅了屁股捂肚子的，自然也没见过被插了左眼捂右眼的。肯定是脑袋被打坏了，或者是实在太痛了。

所以第二个反应是叫医生。经过全力抢救和精心治疗后，医生带来了一个坏消息和一个好消息,坏消息是十兵卫的左眼就此失明,他成了独眼;好消息是这孩子的脑袋完全正常,挺聪明的。

尽管后悔莫及,但柳生宗矩仍旧掩盖不了心中的疑惑:"你当时为何要捂住右眼?"

"因为我知道,我的左眼已经没用了,就算再捂着按着也无济于事,可若是我的右眼再受到什么攻击,那我就会两眼全盲,就此再也无法练剑,所以,我选择了保护右眼。"

被誉为无双剑士的柳生宗矩肃然起敬。

那一年,十兵卫才9岁。

13岁时,因宗矩的关系,从而使十兵卫成为了德川家世子德川家光的贴身近侍,这活儿他一干就是七年,一直做到20岁。

20岁之后之所以没继续做下去,那纯粹是因为一次意外。

话说在成为了将军之后,德川家光和松平赖房依然和从前一样,活宝本性难改整天四处惹麻烦,不过通常都是赖房撒尿家光和泥,反正后者是太子爷,捅出娄子也没人敢把他咋样。

这一回他们又玩出了一个新花样,那便是试刀,通俗说来就是上街砍人。

提议者当然是松平赖房,他跟家光说你现在天天这么个拼命练剑,可终究不过是纸上谈兵,练到死也不知道自己究竟几斤几两,还不如真刀真枪地找人过过招,是骡子是马,拉出来遛遛。

听了叔叔的话之后,家光也没多想,当天半夜拿着刀就翻墙出门了,为了安全起见,赖房也跟着侄子一块儿上了街。

这种武士拿活人试刀的事情在日本古代屡见不鲜。比如我们以前说过的,那位太阁丰臣秀吉的养子丰臣秀次就特别喜欢这么干,只是这小子心理比较畸形,专门喜欢挑缺胳臂少腿儿的身体障碍人士下手,砍了别人之后还相当引以为自豪,高呼我是剑圣,民间送其外号杀生关白。

在这方面松平赖房还算有一点天良未泯，他反复告诫侄子："我们只砍带刀之人，而且最好别往头上招呼，砍个肩膀大腿的就拉倒了，至于那些老百姓，千万别去惊动。"

所谓带刀之人就是武士，按照赖房的想法就是，自己的侄子在剑道上基本属于废柴，你们这帮人要连他都砍不过，那还做什么武士？死掉算了。

至于万一碰上绝世高手叔侄一起手拉手奔赴黄泉的情况，他似乎没有想过。

同时没想到的还有一点，那就是德川家光就算再菜，可那也是无双剑侠柳生宗矩的亲传弟子。

所以在此后的一个星期里，江户街头不断爆出有半夜路过的无辜佩刀群众被不明身份戴着面罩的神秘男子砍伤的消息，但不管衙门捕快怎么搜，也搜不到作案人——因为人家躲在没法进去搜的江户城里。

这事儿最终传入了侠骨心肠热爱正义的武林正少侠柳生十兵卫耳中，他压根儿就没想到这变态杀人狂是自家主子，只觉得自己身为德川家家臣，就有义务除暴安良保江户城平安。于是，当天夜里，十兵卫身穿夜行服，脸上蒙着脸罩，独自一人在时常案发的那几条街上来回晃悠，等待着凶手的出现。

而此时的家光也在到处溜达，鉴于前些日子自己作恶多端已经名声在外，所以近日来半夜上街的人越来越少，即便上街，人家也卸下腰间的武士刀，以免招来无妄之祸。所以家光很着急，一边走一边还在跟随行的赖房念叨："咋还没碰上人呢？大家大半夜的不出来都干吗呢？"

结果是三个瞎转悠的哥们儿在某处街拐弯处打了个照面。

当时的具体情况不得而知，不过要是给他们设计台词的话，多半如下：

家光："哦哦哦哦！出现了！野生的猎物君！"

十兵卫："呔！你这败类！受死！"

赖房："等等，侄儿，这人的声音听着……"耳熟二字还未说出口，家光已经如旋风一般抽刀冲了出去，而十兵卫倒是稳稳当当地站着一动不动，连刀柄都没摸一下。

台词设计就此结束。

"哎呀！"一声惨叫。

家光被十兵卫一个擒拿手反摁在地。不过他总觉得这声音有点不对，于是便伸手一把扯掉了对方的面罩。

"哎呀！"一声惊叫。

十兵卫鞠了一躬之后便消失在了茫茫夜色之中。

这事儿最终捅了娄子，让阿福知道了。

老太太气得直哆嗦，当即就冲到家光那里，对他进行了一场如狂风暴雨般的严肃批评——其实她主要还是怕自己从小奶大的这倒霉孩子万一有个闪失横死在他人刀下。

挨了一顿骂的德川家光声泪俱下地表示自己知错了，以后再也不敢了。

同时没有好下场的还有松平赖房，他被要求以后和将军保持距离，没事儿闲着别老把将军给带坏。

事发数日后，十兵卫被叫去了江户城。

"那天，你还真是神勇啊。"家光有气无力地说道。

十兵卫一声不吭，只是跪倒在地。

"你走吧，这里不要你了。"

"是，十兵卫知罪，大人请多保重。"十兵卫抬起头来说完便起身就要离开。

"等等。"家光叫住了他，"你……你后悔吗？"

"不后悔。"十兵卫表情严肃，"剑不是用来滥杀无辜的，拿着剑杀无冤无仇的路人，一辈子也成不了真正的武士，在下临走之前衷心规劝大人一句,以后不要再干这种事情了!"

家光沉默了一会儿:"你居然敢得了便宜还卖乖,给我滚!"

说完之后他从位子上站了起来,来到了十兵卫的跟前,弯下身子轻轻说道:"我要你以传播剑术为名去行走各藩,伺机查探监视诸侯们的动向。"

十兵卫会意,当天就离开了江户,以浪人剑客的身份踏上了周游日本的旅途。

顺便一说,他所干的那些个监视各地诸侯之类的工作,后来有了一个专门的名称,叫作大目付,由幕府方面光明正大地直接委派用于监视各路大名,也就不用再搞这种苦肉计了。

离开了江户城的十兵卫就再也没了消息,谁也不知道他去了哪儿,去干了什么,只知道在此期间,幕府处分了好几十家大名,有的被勒令禁闭,有的被削减领地,有的干脆就直接贬为平民,罪名也是各种各样,从行为不轨到有心谋反,啥事儿都有,这些人中有相当一部分到死都没明白过来,是谁出卖了自己。

其实我们也不明白,现在的人只能推测,认为从逻辑上来讲,的确有可能是被柳生十兵卫给告发了的。

十兵卫出走前后一共十二年,这十二年里发生的一切因为都是谜团,所以也就成了日后文学家们最喜欢编撰的一段岁月,很多关于十兵卫流浪各地行侠仗义的故事,都是这么给编出来的。

十二年后,十兵卫又回到了家光的身边。

"十兵卫,你这些年来,在九州待过不少时间吧?"

这是阔别十多年再重逢后家光问的第一句话。

柳生十兵卫点了点头。

"那么,你对岛原之事,怎么看?"

"将军大人轻敌了。"

这是久违十多年后,十兵卫的第一句话。而且还是当着众多重臣的面说的。

狮子座是很要面子的。

所以家光急了:"我怎么就轻敌了?"

"将军,九州诸侯素来自视甚高,您不是不知道,现在您却派了一个石高一万五的板仓重昌前去当总大将,您觉得那些九州大名,能听他的吗?"十兵卫说道,"更何况,此事本身就并非单纯的农民暴乱那么简单,而是由那些隐匿在民间的切支丹残党为核心所发动的暴乱,参与者里不乏身经百战的武士和宁死不屈的狂教徒,甚至还可能会有外国人相助,派一个几乎不懂兵法的板仓大人过去,是不是太轻率了?"

德川家光的神情非常不以为然:"他板仓重昌就是一江户城扫地的,那也是我幕府派出去的人,九州大名,如何不从?"说完,便不再理十兵卫,而是继续开会。

但在这天夜里,十兵卫却被叫进了江户城,说是将军召见他独对。

"你白天的那番话,说得很有道理。"家光倒是非常坦诚,"只是我若在众臣面前承认用人失察的话,那很有可能会动摇人心,所以便不得不驳斥你。"

"是,在下明白。"十兵卫似乎很感动,"将军大人,当务之急,还是请再派一人去岛原,以辅佐板仓大人。"

家光想了想,点点头:"那就由你来推荐一个人选吧。"

"事关重大,容在下考虑一晚,明天再告之将军吧。"

说着,十兵卫便起身告辞,回家仔细琢磨究竟该给家光找谁来担任镇压军的总指挥。

需要指出的是,这应该是这位天才剑客最后一次出现在公众的视线里。在这场战争结束之后,他便回到了幕府赏赐给他们柳生家的领地,过着每天练剑读书吃饭睡觉这种近乎隐居的平淡生活,一直到生命的终结。

既然话都已经说到这儿了，干脆就把柳生十兵卫的结局给提前交代一下吧。

却说在庆安三年（1650年）的三月二十一日，十兵卫在京都附近的野外打猎，忽发疾病，连医生都没来得及赶到现场就离开了人世，时年44岁。

对于他的死，一般形容为"暴毙"，因为谁也不知道究竟得的是什么病，究竟是正常死亡还是非正常死亡都是众说纷纭。因为若说是心肌梗死这类病的话，十兵卫武艺超群勤于锻炼，又正值壮年，怎么可能会因此而死？可若说是遭人暗杀的话，他武功如此了得，谁敢下手？

于是这个问题就只能成为传说中的历史谜团了，当然，又给众文学家们提供了一个无上的写作素材。

至于柳生十兵卫推荐给德川家光的那个人选，其实之前已经有亮过相了，那就是曾经担任家光贴身侍卫小姓之一的松平长四郎，元服后改名松平信纲，官拜伊豆守护，为人睿智，人送外号智慧伊豆。

第二十三章 智慧伊豆

信纲时年41岁，领三万石知行，虽说算不上什么大富大贵，可显然要比板仓重昌靠谱，更何况他又是将军的发小，深受信任，就连家光本人也在公开场合数次表示，伊豆乃是自己的左右手。可以这么说，幕府之内，但凡是松平信纲讲的话，提的建议，就几乎没有家光不听的。

家光对于信纲，完全可以用宠信二字来形容。

只是这种宠信当然绝非一日之寒，而那三尺冻冰的第一寸，则是一件源于多年前的往事。

话说在一个春夏之交的下午，江户城上下充满了安静祥和的气氛。

阿江夫人在几个侍女的陪同下，正在庭院里带着刚刚学会走路的国千代散着步。

突然，一个黑影从一间屋子的屋顶上翻滚了下来，随后重重地掉在了地上。

女人们的第一个反应是来刺客了，于是便扯开了堪比防空警报的大嗓门高声呼救，很快就有一大批侍卫赶到，将那黑影团团包围，可拖起来一看才发现，这只是个看似十岁才出头的男孩。

再仔细一看，是竹千代少爷身边的小姓，松平长四郎。

长四郎掉落的地方比较尴尬，隶属大奥的地界。换言之，这位年幼的小姓犯下的是一个死罪：私闯后宫。

于是当下就有人把青山忠俊给叫来了——他是负责竹千代以及众

小姓行为举止礼仪操守以及文化学习的人。

这位青山大人的性格比较忠厚耿直，但缺点是在教育孩子的时候手法简单粗暴，通常非打即骂，要么就砸东西。据说为了规劝一度沉迷看金鱼的德川家光，他曾把金鱼连鱼带缸一起给摔了个粉碎，当时就把胆小的小少爷给吓得直哆嗦。

青山忠俊一看到趴在后宫的松平长四郎，便自行脑补认定这小子是在搞偷窥，于是火冒三丈地将其一把拎起，拖进了一间用来堆放杂物的小黑屋，再把长四郎给吊了起来。

"你居然敢偷窥大奥，好大的胆子啊！

"说！你私潜大奥到底为何！

"还有谁跟你一起来的？！"

虽然青山忠俊以震耳欲聋的音量一连问了好几个问题，可松平长四郎却仿佛跟没听到似的一言不发，被吊起来的小小的身子，还在随着惯性略微晃荡着。

遭到了无视的青山忠俊自然是愈发恼怒，随手就抄起了一根估计是当柴火用的棒子对着长四郎的脸就是狠狠一下："说！你来干吗的！"

长四郎的身子猛地随之抽了一下，看得出来，他很疼。

但回答却还是沉默，和之前一样的沉默。

青山忠俊又狠狠地用棍子抽了一下，愤怒地吼道："快说！"

这一下抽得比之前更重，连在仓库外想听听情形的围观侍女们都听到了"啪"的一声。

长四郎紧紧地咬住了自己的嘴唇。

他的回答依然是沉默。

这场严刑拷打整整持续到了晚上，但不管青山忠俊如何怒骂如何抽打，换来的却永远都是松平长四郎的一言不发，甚至连叫疼的声音都不曾发出过。

谁也不知道这孩子究竟有什么天大的秘密值得他这般死守。

最后还是阿江夫人于心不忍发了慈悲，跟青山忠俊说，你这么在我的仓库里打了半天你不累我听着都寒碜，而且这要真给打死了你怎么跟人家的爹松平正纲交代？要不今天就到此为止告一段落吧，等明天天亮，找阿福去问问这事儿到底怎么个弄法，既然是竹千代的小姓，那她也肯定得给我们一个交代的吧？

青山忠俊觉得言之有理，便丢下了棍子回家睡觉去了。

而长四郎，虽然免了皮肉之苦，可也没能重归自由，他在专人的看管下，被吊了整整一个晚上。

第二天，正当青山忠俊想去找阿福聊聊时，却意外地得到了德川秀忠想要见他的消息。

进城见到秀忠之后，他又意外地发现，阿福也在一边。

还不等忠俊开口，秀忠先发了话："听说你昨天抓到了一个小孩？"

"是的。松平长四郎私闯大奥，被在下抓了起来。"

"嗯，那么他私闯大奥的理由是什么呢？"

"在下昨天拷打了一个下午，他都不曾说出半分来。"青山忠俊似乎显得非常不甘，"干脆就以闯入大奥为名，定他的死罪吧。"

德川秀忠一听连忙摆手："不过是个孩子，完全没必要吧？"

"在下认为，杀鸡儆猴也是应该的，更何况……"

"不用。"秀忠打断了忠俊的话，"不过，我倒也想知道，这孩子究竟为何要爬上大奥的屋顶？"

"将军大人，在下觉得，此事还是问问阿福比较好。"

"那么阿福，你能不能告诉我，为什么松平长四郎会擅自跑去大奥，还爬上屋顶？"

"我想……这应该与竹千代少爷有关吧。"阿福缓缓地说道，"在那座屋子的屋檐下，有麻雀的鸟巢，少主想要小麻雀，便命令长四郎去给他抓来。"

"所以他才从屋顶上摔了下来？"秀忠很惊讶。

"正是如此。"

"真的?"

"绝无半点假话,这是竹千代少主亲口对我说的。"

"他……他……他……"青山忠俊看起来似乎很难接受这个事实,"他……他疯了吗?为什么当时不把真相说出来?要知道,这小子可是差点被打死啊!"

"是啊,他为什么不说?这才多大的事儿?"秀忠也表示了非常不能理解。

"他担心说出原委的话,少主便会受到责备。这孩子宁可被活活打死,也不肯出卖自己的主公。"

顿时,屋子里陷入了一片沉默。

"忠俊。"秀忠说道,"放了那孩子吧。"

"阿福,你告诉竹千代,让他亲自来接长四郎回去。"秀忠的表情不知何时变得非常严肃,"有这样忠心的家臣是他的福分,要他务必好好珍惜。"

这一天,已经被打得动弹不得的长四郎被放在了一张榻榻米上,由另外四个小姓抬着走出了大奥,而竹千代则紧紧地跟在后面。

那一年,长四郎12岁,竹千代4岁。

"信纲,岛原那里就全都拜托给你了。"在任命他为总大将的时候,家光是这么说的。

松平信纲没出声,只是点了点头。

过了半晌,他才开口道:"那板仓大人那边怎么办?"

家光一时间没明白,问:"什么叫板仓大人怎么办,当然是奉命交接,不然还能怎么办?"

"板仓大人自尊心甚高,如果就这么让在下顶替了他,那等于是在斥责其作战不力,恐怕……"

"那你说如何是好?"

"不如再等上十天半个月，若还是攻克不下，再让我去吧。"

正如松平信纲所料想的那样，当板仓重昌得知家光要换主帅之后，便立刻一根筋地认为这是一种对自己的羞辱，所以他当下就作出决定，要在信纲到来之前，攻下原城。

宽永十五年（1638年）元月元日，正值新年之际，板仓重昌下令发起总攻。

十二万大军和上一次一样，对原城发起了看似波涛汹涌实则毫无章法的进攻。

而乱军却在益田好次的带领下，展开了声势浩大的反击，就连城中的女人，也投入了战斗——男人站在城墙上射箭，女人则丢石头。

或许是男女搭配干活不累的缘故，幕府军的攻势还真的就被那几个男男女女给压制住了，十二万大军就这么傻傻地钉在城下，做着进攻——爬城墙——被打下来——接着进攻——接着爬城墙——接着被打下来的循环无用功，一时间只听得惨叫声连连，却没见有任何战果。

值得一提的是，正当双方展开着热火朝天的攻防战的时候，在熊本藩细川家的阵地上，有一个穿戴整齐的家伙，双手各拿着一把出鞘的武士刀，非常风骚地杵在那里一动不动地打着酱油。

这人偶尔还会喊上一嗓子："诸君务必努力攻城，切莫落后于其他藩的人呀！"

就在这哥们儿出工不出力还叫得欢的当儿，突然天降一块石头，狠狠地砸在了他的脸上（一说肩膀），只听得一声凄惨万分的"哎呀"之后，他当即鲜血淋漓地倒地不起，并且痛苦得浑身直抽抽。

手下一看这情形连忙上前来抢救，但却被他一把推开："这伤怕个鸟，老子当年在严流岛上，不知道比现在危险多少倍呢！"

紧接着又是一句："这血似乎流得多了，你们先带我下去包扎一下，我好继续参战。"

话虽如此，但却再也没有见他回来过。

这人不是别人，正是一代剑（贱）圣宫本武藏。

话说严流岛战胜佐佐木小次郎之后，他如愿地成为了细川家的客座家臣，并且有幸参加了这次的平乱大战，然而也不知道到底是老天开眼还是老天开眼还是老天开眼，这厮头一回攻城，就被人给一砖拍翻了。

万幸的是人没死，只是留了些许心理阴影，再也不肯上前线了。

这场战斗是凌晨打响的，等到了上午十点，战场的局面已经是一团糟了。

原本负责主攻的立花家，死活不肯上前冲，板仓重昌三番五次派人去催，得到的答复却让他吐血："上一次我们卖命冲锋，结果连个援护都没有，这一回谁还敢去送死？"

而被立花家点名吐槽的松仓胜家，这一回仍然在做甩手掌柜，率领全军待在一旁傻看。

岛原藩藩主坐看岛原藩动乱，这还真是要了命了。

眼瞅着自己的士兵一个接着一个的从城墙上被打下去，可城池的城门都没被打破，一直都在大本营里观战指挥的板仓重昌再也忍不住了，他"腾"地一声就站了起来，然后拔出了腰间的武士刀，往前用力一指："跟我冲！"

手下见状赶忙拦腰抱住，说大人您是三军主帅，千万不能冲动，您要有个好歹，这十二万大军岂不群龙无首了？

但此时正在火头上的重昌哪还听得进人话，他一把将手下推开，走出营帐翻身上马，一边飞奔一边还扯着脖子歇斯底里地喊道："都跟我冲啊！"

板仓重昌是空降的主帅，本身并没有带多少兵来九州，算上挑担子做饭的，也就七八百人。打了快两个月的仗，已经折损了一小半，剩下的那五六百，本着吃粮当差的精神，也只能是硬着头皮跟着冲了上去。

至于各藩兵士，却只是纷纷让出一条道放他们过去，并无一人跟随。

就是说这事儿的本质已经演变成了板仓重昌一人带着数百寡兵冲向了连十万人都没能攻下的那座城,而那十万人,无一出手援救,只是站着围观。

凭良心说一句,总大将做到这分儿上还不如买块豆腐撞死自个儿得了,那威望都不如人小学三年级的班长。

也不知道是马跑得快还是他运气好,反正一口气冲到城下,重昌居然都安然无恙,连一块石头都没挨着。

到了城门口,板仓重昌下令攻城。

跟着过来的那几百名士兵面面相觑,因为大家走得急,谁也没带攻城器械。

怎么办?

众人的目光投向了大将。

"跟我爬!"重昌一咬牙一跺脚,噌地一下蹿上了城壁,扒着墙上的缝隙便往上爬,打算就这么登上城头,跟敌人决一死战。

这种行为说好听点叫身先士卒英勇万分,说难听点么,就是找死。

不过倒也不是不能理解,此时的板仓重昌头上顶着幕府的压力,身后又面对着一群不肯听话的大名,想必是早已处在了一个无比绝望的境地了吧。

再说岛原城头上,几名乱军士兵发现又有人来攻城,也不敢含糊,端起手中的铁炮瞄准了乒乒五六就是一阵乱打。

然后重昌就掉了下去。

享年51岁。

这一天,幕府军兵败如山倒,伤亡总人数接近四千,而原城那边,仅仅阵亡了十七人。

板仓重昌战死的消息几乎是在当天就被传到了江户。虽然在此之前已经有了足够的受惊经验,可这一回,幕府上下依然大大地被震撼了一番。

毕竟是大本营派出去的主帅被弄死了，这事儿自打德川家康开幕以来就不曾发生过。

原本还想在江户过完新年过元宵的松平信纲自然也没法接着安生混日子了。第二天，他就告别了家光，然后快马加鞭地朝九州奔去。

跟着一块儿去的，还有佐贺藩藩主锅岛胜茂以及柳川藩藩主立花宗茂。

当月四日，一行人抵达岛原藩，随后，信纲召开了第一次作战会议。

会上，立花宗茂和锅岛胜茂先做了批评和自我批评，表示之前攻城失败，责任多在两藩，而两藩作战不利，主要得怪自己不在场。

其实说了半天还是在各自洗白——因为不在，所以失败。

不过松平信纲倒是非常大度，挥了挥手说过去的事儿就让它过去吧，做人关键是要面向未来。

"原城被那帮泥腿子改造得难攻不下，松平大人有何良策？"在城下已经被乱军打怕了的松仓胜家以为未来的出路还是跟从前那样没头没脑地送死攻城，于是便心有余悸地问了一句。

"不，攻城并非良策。"信纲摇了摇头，"就眼下来看，城内人多粮少，可大多只是妇孺，很难主动发起进攻，所以我们只要将城池围起来，活活困死他们就行了，这样既能消灭乱贼，又可以把自己的伤亡降到最低，一举两得。"

兵法云，十则围之。

不愧是智慧伊豆。

五日，大军对原城完成了包围。接着，松平信纲亲笔书写了劝降信一封，令人射入了城中。

信的内容比较短，就一句话：愿意为自己信奉邪教而悔过并且放弃信仰及武器出城投降者，既往不咎。

信是上午射过去的，当天下午，原城里头就射出了回信。

同样也是一句话：我们早已做好了殉教的觉悟。

第二十四章 炮轰岛原

当松平信纲把这封信给诸大名传阅之后，很多人便坐不住了，他们纷纷要求攻城，理由是这帮乱军的信仰如此坚定，若是光靠包围断粮，恐怕未必能让他们在短时间内屈服，一旦演变成持久战，反而对自己不利。

但信纲却只是笑了笑："他们并非信仰坚定，只是有恃无恐罢了。"

"乱贼所仰仗的，说到底不过是南蛮人的援助，只要让他们断了这个念想，事情就会好办得多。"

其实信纲对于原城内乱军们共同期盼的那来自梵蒂冈的援军一事早已了如指掌，这全都得归功于甲贺的一名叫做望月与右卫门的忍者，正是这人带着部下潜入了原城好几天，不仅掌握了天草军的作战动向，甚至还把对方仅存的一部分军粮给偷偷抛入了大海。

在之后的数日里，幕府军除了继续围城之外，还派出了舰船无数游弋在海面上，主要是为了抓偷渡过来的外国人。

结果还真让他们抓到了几个。

经过仔细拷问，这些外国人承认了自己是从梵蒂冈而来的传教士，目的是为了进入原城帮助乱军。

不得不说乌尔班八世确实挺够意思的，事隔十来年了都不曾忘记自己当初许下的诺言，而且动作迅速，几乎是一得到消息便马上派了人过去。

虽然人数不太多，根据传教士们的供词，他们那一批，总共也就二三十个。

不过听那口气似乎还有下一批，甚至是下下一批。

所以还是不得不防。

松平信纲在看完了传教士们的供词后，决定亲自找他们谈一谈。

"你们想死吗？"双方才见面，信纲便很开门见山地问道。

为首的传教士摇摇头，表示自己不怕死，自己既然敢来日本，就已经做好了殉教的觉悟。

"嗯，勇气甚佳。"信纲点头称赞道，"不过，你可知蓑衣舞？"

蓑衣舞是什么前面我们已经说过了。

在听了翻译的详细解释之后，传教士们明白了其实这就是火刑的一种，于是又一起摇头，表示自己不怕，这玩意儿在罗马见得多了，哪年不得烧死几个异教徒啊。

"嗯，那么，把他们带下去好生伺候吧。"信纲意味深长地一笑，算是宣告见面的结束，"以后如果你们有任何要求，都可以让人来找我，我随时恭候。"

就这样，那几个传教士被带了下去，不过他们并未被送回牢房，而是被带进了刑房。

客观地讲，日本古代的刑罚大多数都是源于中国，虽有自己的创新可花样不多，常见的也就是什么鞭子抽钉指甲灌开水之类。

但不管怎么说，种类都要远远胜过那帮西洋蛮夷，至少在当时是这样的。

就痛苦程度而言，打你要远远比砍死你或是烧死你来得厉害，只要打得得法。

仅仅过了数小时，那几个洋鬼子便嚷嚷着要见松平信纲。

于是信纲很快又出现在了他们的面前，和数小时前一样，保持着很淡定的微笑。

而传教士们则显然是一副被吓怕了的模样，坐在那里索索瑟瑟发抖，好不容易才憋出一句话来，表示大爷求您别打了，我们听话。

"那就跟我合作吧。"信纲说道，"写一封信给你们的教皇，告诉他，这里发生的一切不过是几个浪人武士因为不满幕府的统治，而煽动农民造反，虽然打着天主教的旗号，但实际上和天主教并无一丝关联，让他不必再派援军了。"

原本以为会要自己冲锋陷阵当炮灰的传教士一听是这要求，连忙点头点得跟鸡啄米一般，表示没问题，Of course，No problem（当然，没问题）。

信是由跟幕府保持往来，并不信天主教的荷兰人给想办法带去梵蒂冈的，而那些传教士们则被扣留了下来，根据信纲的说法，等到战争结束，自会放他们走人。

一月十三日，一艘模样奇怪的帆船出现在了原城南边的海域上。

城头上的一名乱军小队长见了，立刻高兴地大喊了一声："这是南蛮船！上帝给我们派援军来啦！"

他说的没错，这确实是一艘外国船，上面不仅有花花绿绿的外国小旗，还有一门门在日本根本见不到的西洋大炮。

顿时，城里沸腾了。

大伙纷纷涌向南城并欢呼雀跃着，仰面朝天画着十字感谢上帝的援军终于来到了。

虽然有些迟，可终究还是来了。

神，是站在我们这一边的。

而那艘炮舰似乎是特意响应城中的欢呼一般，缓缓地向着原城不断靠近，城和船之间的距离越来越多，城上的人几乎都能清晰地看到船上那几个洋水夫头上的红毛。

接着，炮响了。

不过不是朝着天，而是对着城。

炮弹所到之处，瞬间死伤一片。

之后，又是第二发，第三发。

顿时，惨叫声一片，原先的天堂一下子变成了地狱。

城里因为没有任何能够得着那艘船的远程武器，所以众人只能缩在各自的工事里抱着头等待灾难的过去。

这天，那艘炮舰在城外整整打了四五个小时的炮，然后扬长而去。

但是，灾难却远没有结束。

说句实话，除了在最开始对着聚集在城头的人群放的那几发炮弹之外，其余的因为人群都散了所以基本都打在了空地或是墙上，并没造成多大的伤害，至多也就是掉了几块城砖而已。从物质方面来看，损失并不大。

真正要命的，是精神打击。

长期以来一直都把上帝派来的西洋援军当作精神支柱来支撑自己苦苦作战的乱军们，现在居然被西洋人拿炮轰了，这就跟动画片里男主人公发现自己长期追随的父亲/祖父/师傅/哥哥竟然就是自己要打倒的最终BOSS（敌人）一样，特别伤人。

更糟糕的是，现实不是动画片，天草四郎他们也没有主角光环，所以并不能从被炮轰的阴影中走出来。就在那一天晚上，长期以来一直团结如一家的原城里，第一次出现了趁着夜色投奔幕府军阵地的逃兵。

益田好次等人非常郁闷，他们怎么也想不明白，为何跟自己同信上帝的外国人，会千里迢迢地开船过来用炮打自己，难道大家不都是天主教的朋友吗？

正所谓不是每一种牛奶都能叫特仑苏，同样道理，不是每一个洋鬼子都信天主教。

这次开船过来的，是压根儿就不信那玩意儿的荷兰人。

话说在数天前，松平信纲曾经派人找到了驻留长崎的荷兰商会，要求他们提供炮船一艘，用于攻击原城。

当然，这炮不能白打，肯定有好处，具体是什么，以后自会告诉你。

"既然乱贼如此期盼着南蛮人的帮助，那我就干脆反其道而行，用南蛮人的炮来轰他们一把，好让他们明白自己的处境。"

信纲是这么说的。

但立刻就遭到了几乎所有参战大名的反对。

这是因为在那个时代的日本人心目中，除了一衣带水的老大哥中国之外，其余的国家差不多都是蛮邦。尤其是西洋诸国，那更是蛮夷中的蛮夷，除了会弄点坚船利炮奇淫技巧之外几乎一无是处，现在国内出乱子，居然要找这些人帮忙，简直是丢大和民族的脸。

而且，这岛原之乱说到底不过是日本的家务事，找外人来插手，这对于东方国家的人而言，确实很难接受。

所以基本上没有人赞同，有几个大名干脆上纲上线地提出，找外国人来打日本人，那就是赤裸裸的背叛，失了人格国格，以及武士道。

但松平信纲却不这么看。他很淡定地表示，不管日本人还是外国人，只要能剿灭这帮乱贼，那就都是好人，不必刻意地去区分他们的国籍。你们在座的诸位当年在朝鲜打仗的时候，不也让朝鲜人给你们带路的么？五十步笑百步有意思么？

最后，信纲还做了一番总结性的发言："如果有人仍然有意见，可以将此事上报幕府，不管日后幕府如何处理，一切责任都由在下承担，和诸君没有任何关系。"

此话一出大伙便顿时安静了，谁都明白，再要在这问题上纠缠不休，那就是不识好歹了。

就这样，荷兰的炮舰出动了，而且一轰就是半个月，让原城守军受到了身体和精神的双重摧残。

虽然事后乱军的高层集体出动，向基层士兵反复解释荷兰人并非天主教同志，他们和葡萄牙人以及其他信仰天主教的西洋人是有区别的，他们是西洋人里的败类，就好像幕府是日本人中的败类一样，所以，千万别被骗了。

只是说干了唾沫，也没收到什么良好的效果。

而且事情到了这一步还不算完，甚至可以说只是一个开端。

第二十五章 最后的决战

数日后,考虑到时机已经成熟,松平信纲下令改变原先围而不打的方针,要求各路诸侯开始动手。不过也不必弄得惊天动地,小打小闹一番即可,每天晚上趁着夜深人静拿着铁炮对着城里开枪就行,同时也拜托了荷兰人,让他们接着从海上打炮,别停下。

话说就在这道命令下了之后不久的某天夜里,也不知道是哪路高手那么厉害,砰砰砰几发子弹就射进了原城主城楼的一间房间里,确切地说,是天草四郎的所在地。

偏偏不巧的是,那几发子弹弹无虚发,每一颗都消灭了一个敌人——正在天草四郎周围的几个士兵不幸中枪,当场倒地身亡。四郎运气好,没伤着,只是宽大的袖子被打出了个窟窿。

还记得之前益田好次他们是怎么宣传的吗?

"只要团结在这面旗帜和天草四郎大人周围和幕府战斗,那就能获得刀枪不入的神力。"

事实证明,这话如同放屁,别说入了,都已经穿了。

此事在乱军心灵上造成的创伤,不亚于之前被荷兰人用炮轰,甚至比那个更厉害。

毕竟西洋的上帝相对比较虚无渺茫,可这预言之子摸脸治瞎的神迹可是真真切切地在人民群众跟前表演过的,结果现如今连他都靠不住了,那么往后还能靠谁呢?

一直以来，很多人那坚定不移的意志，终于开始动摇了起来。

这其中就包括副将山田右卫门作。

子弹打入天草四郎房间的当时他也在场，在亲眼目睹了原本应该是刀枪不入的那几个侍从撒手人寰之后，右卫门作受到了极大的震撼。

最让他感到无法接受的是，在枪击事件的那会儿，他无意中瞥了一眼天草四郎，发现这位被众人追星捧月当上帝的预言之子，居然缩在了墙角，并瑟瑟发抖着。

其实他也不过是个16岁的孩子罢了。

"我们坚信西洋人会来救我们，结果却被他们用炮打了；我们坚信四郎是无所不能的预言之子，只要围在他的身边便能刀枪不入，结果却被当场射杀。接下来，我们究竟该信什么？我们一直以来所信仰着的上帝，是不是也如此靠不住？真是没有再想下去的勇气了。"

那一天，山田右卫门作在日记中如此写道。

同时，他还做出了一个决定，那就是向幕府军投降。

就在这天深夜，右卫门作亲自将一封表达了自己愿意投诚的书信射出了城外，同时在信里他还表示，由于最近几天城中盘查甚严，不方便逃走，等风声过去之后，自己一定会溜出城来，奔向光明。

这封信很快就被交到了松平信纲手里，根据之前他自己作出的承诺，对于山田右卫门作的投降，肯定是要接受的。

所以信纲看完信后便立刻提笔回书一封，大致内容是山田大人，您要求投降我方的信我已经收到了，在此，我松平伊豆守信纲以幕府军总大将的身份向您保证，在城破之日，非但不伤您性命，而且还会为您在幕府中谋个官职，保您一世的荣华富贵。

写完，他叫来了手下："等到天亮，你把他射给山田大人。"

手下接过了信，但没动弹："大人，怎么射？"

"用弓箭啊。"

"大人，我又不知道那位山田大人的具体位置，往哪儿射啊？"

"往城里射不就行了？"

"那万一被其他乱贼捡到怎么办？"

"哪来的什么万一啊，你觉得山田右卫门作身为副大将，能在城头待着吗？百分百会被其他人捡到的。"

"那您这是打算存心害死他？"

"我倒是没想害他，只是如果我不把山田右卫门作投降幕府的消息告诉乱军，又怎能让他们军心大乱？"

次日上午，山田右卫门作被以私通幕府为名绑了个五花大绑，同时被捕的，还有他的妻子和儿子。

考虑到这哥们儿毕竟跟大伙一起出生入死过，所以益田好次还算网开了一面，只是将其投入牢房，等待发落。至于他的妻儿，则没那么好的运气了，他们被当众斩杀于城中，算是以儆效尤。

但这招已然是无效了。在经历了被洋人打、天草四郎中枪等事件之后，很多人早就开始怀疑起了在这场战争中自己是否真有上帝做同伙，现在又看到副大将背叛了，心中更加不是滋味，众人的斗志，终于开始走向了瓦解。

就在此时，幕府军又有了新的收获——有人在天草地区发现了一可疑大娘，经过一番审讯之后，发现竟然是天草四郎的母亲。

松平信纲接到消息之后大喜，连忙让人把她给押至大本营，打算亲自过问。

说是过问，其实也就是想让对方出面，劝诱城里的人赶紧出来投降罢了。

但不管信纲怎么说，四郎的母亲都一口回绝，表示要杀要剐随便，但要自己去城外把儿子劝出来，那是不可能的。

"天草四郎是预言之子，他一定会带领大家取得最终的胜利，把你们全都消灭。"

对此，信纲只是轻轻地一笑，下令将这位老大娘押下去关起来，说是以后有用。

至于有什么用,当时没人知道。

原城的包围仍在继续,随着时间一天一天地流逝,城中的粮食也不断地减少,同时,不安的情绪也开始在空气中蔓延开来。

谁都不知道自己的未来会是怎样,尽管隐隐约约已经感到是死路一条了,可究竟什么时候死,怎么死,却依然是个未知数。

二月上旬,一小批快要被逼疯了的乱军士兵组织了起来,擅自冲出了城池,想要以武力突破幕府的包围,但却毫无悬念地被全部射杀。

杀完之后,幕府军士兵按照惯例是要把尸体就地掩埋处理的。但就在他们挖坑的当儿,上头来了人,传达了命令,说是别急着埋,这尸体松平大人留着有用。

虽然不知总大将为何如此重口味,但众人也乐得落个轻松自在,便把尸体交给了来人。

而松平信纲似乎是对这批尸体抱有了极大的兴趣,甚至还亲自来到停尸房,一具一具地挨个观摩,先是看脸,再是看身,周围的人都快要恶心吐了,他却依然饶有兴趣地在那里端详着,还做了指示:"把他们的肚子都给剖开,然后看看胃里有什么。"

没人知道这位大人这么做到底有何深意,但毕竟是主帅命令,不敢不从。

很快,解剖结果就出来了:所有人的胃里,都只有海带。

"十天之后,准备攻城。"在听取了汇报之后,信纲这么说道。

原城因为三面临海,所以能捞着海带也不足为奇,可如果每一个人的肚子里有且只有海带,那便足以证明,城里应该已经是没了粮食。

只要再困上个十天半月,再发动总攻,那么到时候那帮乱贼一定会饿得连反抗的力气都没有。

二月二十七日,最后的总攻开始了。

随着松平信纲的一声令下,十二万大军浩浩荡荡地朝原城杀去。

虽然场面极为壮观，但跟三个月前板仓重昌的那次新年攻势相比，却显得有条不紊，极合章法。

这首先自然是因为智慧伊豆跟板仓重昌相比，无论是能耐还是威望都要高出一大截，数日来的围城战让大伙对他是心服口服；其次是由于原先留在江户的几个藩的大名也都到了场，避免了之前重昌那会儿所出现的那种断层领导，能够直接并有效地控制各家的部队，毕竟县官不如现管，直接领导你的上司就在现场，你要不卖力干活实在说不过去；最后是一些大名们的到场也有利于士气的提升，比如立花宗茂，当这哥们儿一身戎装出现在战场的时候，不光是他们柳河藩的人斗志昂扬，就连整个幕府阵地，也都欢呼一片，大伙纷纷赞叹说能够亲眼看到武神出阵，也不枉此生了。

而战况也正如信纲所算计的那样——城里的乱军一减往日威风，几乎是连铁炮都举不起来，只能眼睁睁地看着幕府军攻破城门，冲入城中，再任由他们将自己斩杀于刀下。

事实上，早在攻城之前，松平信纲就下了屠城令："进城之后，无论男女老幼，格杀勿论。"

你也不要说他残忍什么的，这也是没办法。宗教战争不同于普通的农民起义，留了一个活口，就等于是留了一颗火星子，而那火星子，说不定将来就是一把燎了你日本列岛的星星之火。

攻城的具体不必多说，无非就是一群吃饱喝足了的精壮汉子打一群饿死鬼，我们直接来说说结果——二十八日，仅仅一天，乱军的大本营原城便被幕府军拿下了。

城里的人，从总大将益田好次到随军家属还有小孩全部都遭到了杀害，无一人幸免，除了那位事先已经投降了的山田右卫门作，不过当他被从牢里救出来的时候，几乎是半死状态了。

至于那位预言之子天草四郎，据说也在本丸攻防战中，把性命丢在了熊熊的战火之中。然后他留下了一句非常有名的遗言："今日，

199

在此奋战的人们,愿我们来生再做朋友。"

注意,是据说,也就是不确定的意思。

实际上天草四郎到底是死是活,在刚刚攻破城池的前几天并没有一个确切的定论,只是说在原城本丸被攻破的时候,细川家有个叫阵佐左卫门的家臣斩杀了一名十六七岁光景的少年,该少年穿着考究,并且还挂着银色十字架。经过降将山田右卫门作事后辨认,初步判断正是天草四郎。

但因为事关重大,不能如此草草了事,而且这么大的一场动乱能被平定,也是因为各方面都非常尽心尽责,九州诸侯更是拼了性命在那里浴血奋战,实在有必要论功行赏一番,所以松平信纲决定,弄一个首实检大会。

大会的地点被设在了熊本,不过说是要用首实检的手段来行赏,其实主要的目的是找出到底哪一颗才是天草四郎的头颅。

虽然之前山田右卫门作倒是确认了那颗少年的脑袋确实曾经出现在天草四郎的肩膀上,可为了保险起见,故而光他一人说了不算,得多要几个证人。

问题是原城里的人除了山田右卫门作之外全部都被斩尽杀绝了,这该找谁来呢?

难题最终又落到了松平信纲的跟前,在略作思考后,他表示,那就把天草四郎的母亲给请来吧。

言下之意,就是让她来辨认自己儿子的首级。

然而手下却有些犯难了,说这老太太是出了名的难伺候,心理素质极强,到时候她满熊本转了一圈,愣是不肯说哪颗脑袋是她儿子的,一口咬定天草四郎没死,那不就麻烦了?那消息一旦传出去,搞不好又会引起骚动,岂不弄巧成拙?

松平信纲看了看这位机智的手下,说你只管去请,一切后果不用你来承担。

就这样,益田夫人来到了熊本。

在刚刚踏入首实检会场的时候,她确实相当嘴硬,看了一眼陪同在旁的松平信纲,轻蔑地笑着道:"我儿子是预言之子,怎么可能死在你们这种贼人的刀下?有这会儿工夫,他早就坐上快船去了西洋啦!"

松平信纲却只是微笑,说您慢慢看,看到了,吱一声,要看不到,也没事儿,咱送您回去。

于是老太太就在众人的陪同下,闲庭信步在几万颗人头中,并且确实表现出了极为过硬的心理素质,看着那一颗颗连年夜饭都能让人吐出来的脑袋,却始终保持着一丝轻蔑的表情,时不时还回头跟松平信纲说一句:"老身早就告诉过你了,我儿子才不会死在这种地方呢。"

信纲仍是一言不发,在转了大概十来分钟后,他暗自示意随从,将老太太引到了摆放着那颗疑似天草四郎的头颅的位置。

她站住了脚步,盯着看了好一会儿,脸上的表情没有任何变化。

正当大家打心底里佩服她的内心坚强并且已经基本认定这颗脑袋不会是天草四郎的时候,意外发生了。

老太太突然哭了出来,没有任何征兆,一下子就哭得很大声,因为过于激烈,甚至还跪倒在了地上。

松平信纲收起了微笑,只是说道,您慢慢哭,哭完了,吱一声,我安排人送您回去。

我想不出这世上是否还有比让母亲零距离面对儿子的首级更为残忍的事,但此时此刻,别无他法。

即便是再坚强的母亲,也很难坦然接受儿子的死亡,这就叫人性。

天草四郎时贞,确认死亡。

而那位原城里唯一的幸存者山田右卫门作,之后被带到了江户,留在了松平信纲的身边,主要负责两件事:第一,将动乱中城内所发生的事情一一记录在案,做成笔记;第二,将地下教会以及地下教徒的特征编成教材,方便以后幕府调查拿人。

虽然信纲曾经提出,让右卫门作成为自己直属的家臣,在幕府里混个一官半职,但却被他婉言谢绝了。

或许是由于自己被狠狠地利用了一回后,对幕府自心底里产生了失望吧。

在江户逗留了数年之后,山田右卫门作的身影便从人们的视线里消失了,有人说他回了九州的老家,有人说他和信纲达成了秘密协议,渡海去了欧洲。

就此,在日本历史上留下了重重一笔的岛原之乱,正式宣告结束。

第二十六章 锁国令

不过,该做的事情,还有很多都没有做完,比如战后处理。

对于这场动乱的性质,尽管幕府早已有过定论:乃天主教余孽所发动的意在推翻幕府的武装反乱。但与此同时,大伙的心里也跟明镜似的,正所谓一个巴掌拍不响,除了切支丹们在背后搞阴谋之外,还有一个重要的原因就是农民们被压迫得太惨,以至于不得不铤而走险,踏上了不归之路。

所以,把农民们逼上绝路的诸侯,也势必将受到严厉的惩罚。

四月四日,岛原藩藩主松仓胜家被幕府剥夺了所有领地,暂行关押。

关押的地点是在美作国津山藩藩主森长继家,也就是今天的冈山县的津山市。

森长继是森兰丸的弟弟森忠政的外孙,跟松仓胜家没有一毛钱的关系,这只是当时的习惯而已——把被处分但还没判决的大人物寄押在幕府比较信任的诸侯或是重臣的家里。

两人之间没有任何往来,松仓胜家是头一回造访森家,这前面已经说过了。

由于考虑到松仓胜家怎么着也曾是一介诸侯,所以森长继算是格外优待了他一回,给他准备了一间上好的屋子,还配了个小院。在那院子里,有一个很大的木桶,也不知道是放什么的,只是搬着麻烦,也就搁那儿了。

话说某天清晨，松仓胜家吃过早饭，便在院子里乱溜达，走着走着就来到了那个木桶跟前，出于好奇，他探头往里面瞄了一眼，结果当场就吓尿了。

因为里面居然码着一堆尸块，有手，有脚，还有其他部位。

这位昔日谈笑间看农民蓑衣飞舞的松仓大人，此时只是坐在地上大喊大叫，屁股下面湿了一片。

闻讯而来的看守连忙把松仓胜家扶回了屋子，再把木桶和木桶里的尸块通通拿了出去，交给了森长继。森长继一听自己家里发生碎尸案了，自然是大为震惊，连忙下令组织人手彻查，看看是谁干的好事。

可不管怎么查，这案子都没有一丝半毫的头绪，唯一被调查人员确定的，就是那些断手极为粗糙，长着老茧，同时还裹着粗布的衣服，所以应该是农民身上的一部分。

这个故事已然是超出历史书的范畴了，你要再润润色绝对能当鬼故事拿出去吓你的朋友。但这也却是真真切切地被记载在史书上的事情。

五月，松仓胜家被送往江户接受审讯，最终被以滥施暴政为名，判处了死刑。

具体死法是斩首。

这在日本历史上是极为罕见的。一般诸侯被判死刑，为了考虑保全武士的尊严，通常都是切腹自尽，开刀问斩的例子，只有他松仓胜家一人，由此可见，这哥们儿确实是罪大恶极，或者说是天怒人怨。

七月十九日，胜家被押赴刑场，终年41岁。

同时被问罪的还有他的两个弟弟——二弟重利，被命自尽；三弟三弥，因为尚且年幼，所以留了一条性命，但诸侯或是有俸禄的武士自然是当不成了，被赶上了街头，成了落魄的浪人。

此外，唐津藩的那位寺泽坚高，虽然没什么太大的罪过，但依然被问了一个过失，判处没收领地，幽禁于江户的海禅寺中。

正保四年（1647年），因领地被剥夺而神情恍惚的他，自尽于寺庙中，时年38岁。

杀完人之后，幕府便开始整顿起了法律和领地。

宽永十五年（1638年）五月，幕府修改了《武家诸法度》，明文规定领地之内的小事，比如抓贼捕盗，巡逻治安之类的，必须等幕府的命令才允许跨境用兵，可若是碰到像这一回岛原之乱的事情，则无须请示幕府，诸大名有权直接联合作战，不必拘泥于国界。

但是，为了以防万一，幕府还是留了一手，那就是从此之后严禁任何藩国建造大型的军用船只，不过商船的尺寸并无约束。

之后，幕府向这次动乱的重灾区之一天草派遣了直辖代官，此人名叫铃木重成。

铃木重成是个很特殊的人物，他是三河人士，有个哥哥，叫正三，是曹洞宗的僧侣，此次也随兄弟赴任，来到了天草。

这就表明，对于天草，幕府采取的首要政策，仍是清除天主教，只不过这一回不再奉行铁锤榔头的高压手段了，而是打算用宗教来取代宗教的软方法来达到自己的目的。

却说那位正三师父在抵达天草之后，没几天就写了一本书，叫《破吉利支丹》，内容是讲述了天主教中的各种误国误民的例子，以此来教化百姓，好让他们皈依佛祖。

不管这方法怎样，至少肯定比跳蓑衣舞要来得进步许多。

此外，在幕府的许可下，铃木兄弟大力扶持天草境内的庙宇寺社，不仅给和尚优厚的待遇，甚至连虔诚信佛的普通百姓也有相当的好处，比如能免去些许年租等等。如此实在的一招可谓是效果显著，使得大批群众几乎在瞬间就抛弃了自己曾经信仰过的上帝，投身到了佛祖的怀抱之中。

不过光整这些显然还不够，前面我们已经说过，当时天草四郎率军渡海，几乎把天草给搬空了，而那些跟着四郎走的农民，基本上又全部战死在了原城，所以战后的天草，仍是空地一片，连耕田的人都找不到几个,有的村子甚至是全灭,一个活人都没有,所以,自然就需要移民来补充人口。

宽永十九年(1642年),幕府对全国诸藩下达命令,要求各藩交纳人口,用于移民天草,交纳的标准理论上是根据石高,每一万石就交一户,也就是说以仙台六十二万石为例的话,那么伊达家就必须要给62户移民。

但实际上这个标准是被打了很大的折扣,比如七十七万石的萨摩岛津家,只给了30户,总计155人外加农耕马匹49匹,其余藩也差不多。因为当时日本人口稀少,劳动力就是财富,所以自然是能少给就少给了。

因为此次的全国大移民,使得天草这地方焕然一新,几乎成了一个云集天下人士的大都会,全日本各地的特产以及先进的技术都被输入了那里,并且成功地变为了当地文化的一部分。比如在今天的天草南部,农民们仍有食用只有濑户内海东部一个叫小豆岛才特有的一种豆腐的习惯,这便是当年小豆岛的移民从自己家乡带过来的特产和生产方法。

岛原之乱战后处理国内篇,到此便算是完了。接下来,是国外。

动乱的原因是天主教,把天主教带进日本的是洋人,只杀大名不整洋鬼子,这怎么着也是说不过去的。

在松仓胜家尚且还在森家抱木桶的时候,幕府就已经照会了葡萄牙商会,宣布两国断交。

理由是葡萄牙人长期以来一直都在日本宣传天主教,并且还找到了他们和岛原藩地下教会有过往来的证据。

和葡国断交之后,幕府似乎是意犹未尽,毕竟信天主教的西洋国又不止他们一家,罗马教廷真要接着玩革命输出,那大可以找别的国家继续划着船过来送十字架,为了防止春风吹又生,便必然得斩草还除根。

所以幕府决定锁国。

锁国,形象地说,就是把国家给锁起来,即关闭过门,断绝与外界的接触。

其实这种事在日本早已有之,早在元和二年(1616年)的八月,幕府就下发命令,要求葡萄牙等天主教国家的商船仅限于停靠在平户和长崎这两个港口,其余的地方一律不准去。同时还发下红头文件,要求诸藩做到"禁止外国商船与商人在领地内互通有无",也就是严禁对外商贸。

这一般被认为是日本锁国政策的开端。

而在此之后,尽管幕府对天主教的镇压愈发强硬,但考虑到贸易毕竟能赚钱,所以对于天主教国家商船的往来,还是持了一种默认的态度,不过也颁布了不少禁令:比如禁止日本本国商人出洋,禁止雇佣天主教国家的国民做航海士。同时,日本人和天主教国家的国民之间的私人接触,也受到了极大的限制。

宽永七年(1630年),在限制贸易的基础上,幕府又出台了针对西洋文化输入的《禁书令》。

不过这玩意儿说是禁书,其实讲到底只针对一个人,那个人的名字叫利玛窦。

说起利玛窦,我想上海人应该比较熟悉,因为他有一个弟子,叫徐光启,混迹于今天著名的徐家汇商业圈一带,死了之后还埋在那地方。现在墓区变成了一个公园,名叫光启公园,小时候我还去过好几次来着。

话说那位徐光启,跟着利玛窦学习了很多西洋科学,同时也翻译了不少西洋著作——把洋文翻译成汉语,这就出问题了。

在那个年代,日本的知识分子大多通汉学,识汉字,狠一点的还能作汉诗,所以徐光启翻译的那些个西洋作品,很多都流传到了日本,并被日本人广为阅读并且传播。

在幕府看来,这是大逆不道的,因为无论利玛窦还是徐光启,他们都是不折不扣的天主教徒。所以在《禁书令》里,专门有明文解释:"欧罗巴人利玛窦等之作品三十二种之书,并邪宗门教化之书。"

意思就是说利玛窦徐光启他们弄的那些书刊，共计 32 种，都是邪教文化，该禁。

虽然在那 32 种书籍里，包括了不少跟天主教没一毛钱关系的书，比如我们从小就耳熟能详（仅限于书名）的《几何原本》。

宽永十年（1633 年），幕府的对外政策被得到了进一步的加强，这年二月二十八日，幕府规定，除了幕府直接签字认同过的商船之外，其余船只一律不准渡海出国，违令者一律按偷渡处理，而偷渡者的下场清一色是斩首。此外，在外海居住的日本人，也一律不许回国，偷偷回国的，也算偷渡，下场也是斩首。而从这一年往前推，近五年内自海外归国的，以及有海外关系的日本人，都要接受调查，并且发誓，以后一辈子都留在日本，绝不出国；不肯发誓的，处刑。

两年后（1635 年），幕府不再签字放任何商船出国，也就是说，一切日本船只一切日本人，都不允许踏出国门一步。

换句话讲，其实早在岛原之乱之前，日本就基本上是已经处在了一个锁国的状态之中，现在幕府决定的所谓"锁国"，不过是画龙点睛，在一幅画上添个最后一笔罢了。

宽永十八年（1641 年），幕府下令，中断和全世界所有国家的往来——除了两个，一个是中国，一个是荷兰。

中国没什么好说的，多年来一衣带水的自家兄弟，虽然打打闹闹的事儿也不少，可终究是兄弟，关门不挡自家人，接着通商也很正常。

而荷兰，则是之前就说好了的事儿——之前松平信纲在求他们对原城开炮的那会儿，曾经提过给好处的，而那好处就是让荷兰成为这世上唯一一个拥有和日本做生意资格的西洋国家。

这话给人的感觉就仿佛是可以搞垄断独占似的，所以荷兰人听了特别高兴，拿炮轰原城轰得特别卖力，仿佛那炮弹都不用花钱买一般。

然而，到了后来他们才明白，这好处根本就没那么容易得，至少不是自己想的那么一回事儿。

荷兰确实是唯一能够跟日本发生贸易往来的西洋国家,这个没错。可这个贸易往来,仅限于一个地方——长崎。原先西洋人云集的平户,现在一律不再允许外国人住了。

而且即便是在长崎,也不是让你荷兰人随便住的。幕府在海上弄出了个人造岛屿,取名出岛,然后定下规矩:所有荷兰人的所有行动,仅限于在这个岛上,不许踏出一步,而日本人也不许进去一步(除非官方奉命),不然一律死刑。

同时,出岛上禁止一切西洋宗教的仪式,违者杀无赦。

所谓的贸易往来,就是日本人把日本的货物送到出岛外,由负责贸易的官员送入出岛,卖给荷兰人,同时再把荷兰人带到出岛的西洋玩意儿带出来,卖给日本商人,然后两边抽税。

这就是著名的"锁国令"。

我相信诸位其实应该都知道这事,而对于此事的评价显然大多数都是负面的,认为它阻断了日本接触世界,是有害而无利的。唯一还值得略微称道的,是留下了长崎这一窗口,比起老大哥中国的那种片板不许下海式的铁板锁国,要来得强一点。

真的是这样吗?锁国真的只为日本带来了坏处吗?

我的答案显然是否定的。

为了证明我的观点没错,我们不妨先做一个反推假设:如果幕府没有闭关锁国,那么会是一个怎样的局面?

首先,天主教是肯定会屡禁不止的。

只要国门敞开一天,这玩意儿就会流进日本一天,即便幕府在国内范围搞禁教,也一定会有人偷偷地去接触传播,到了那个时候,像岛原之乱的事情也必然会接二连三地此起彼伏,要再来几个十几个切支丹大名,那就更完蛋了。

这还仅仅只是宗教方面。

其次,是经济方面。

国门一开，国际贸易也就通了，诸侯们可以按照自己的意愿跟外国通商，说白了，就是能自由发财了。

诸侯们发财了对幕府来说显然不是一个好现象，甚至可说是一个危险的信号。因为藩国一旦有钱，那么下一步兴许就是扩张军备，扩张了军备之后，那多半是跟幕府一较高低了。

想想吧，三百个藩国里哪怕有百分之十，也就是三十个藩国若是发了财、扩了军开始跟幕府较劲，那么幕府则是百分之百会变得岌岌可危了。

最后要说的，是文化方面。

所谓的日本文化，虽说看起来是融合了以中国文化为主的全世界各国文化的一个结晶体，但实际上它的本质是独立的，它是在本土文化的基础上，再结合以各种自认为有益的外来文化，最后形成了独特的日本文化。

而日本的本土文化得到繁荣发展的黄金期，是在江户时代。也就是说，锁国令的存在，等于是给了日本文化一个空间，一个让本土文化不受外来文化侵扰，得以独立发展成形的空间。如果国门敞开，任由各种西洋思想文化横流，不是说不好，但很显然，日本文化的独立性就会大打折扣。

总而言之一句话，如果幕府在这个大航海时代开了国门任由西方世界带来经济文化精神上的冲击，那么日本绝非是今天的日本。其结局，很有可能就成为了一个没有独立文化，没有凝聚力，甚至连统一都无法完成的破落国家。

其实这点日本人自己也很明白，所以在光荣公司出品的太阁立志传系列游戏中，如果当玩家未能在规定的年限里完成游戏，或者是游戏过程进行得太差，那么将会出现一个最坏的结局——国门敞开的日本受到了来自各方势力的渗透，变得四分五裂，然后 GAME OVER（游戏结束）。

当然，游戏毕竟是游戏，只是做个余兴参考，并不是要你去当真。

而我们最终得出的结论就是，锁国令这一政策，至少在当时，是非常英明的。

注意，是当时。

第二十七章 爱情的结晶

就在幕府颁布锁国令的同一年，一件几乎是突如其来的大喜事降临在了江户。

德川家光有儿子了。

对于绝大多数德川家家臣和江户百姓而言，这差不多就是一个平地炸雷，因为只要是个人就明白，这位大将军他只爱小伙不爱姑娘，故而无论从理论还是实际出发都很难想象他有了一个亲生的儿子。

正经说来，此事显然得归功于春日局。

虽然德川家光本人曾经亲口暗示过，自己这辈子注定是不会有儿子了，所以将军的继承人由尾张藩或是纪伊藩的嫡子中选出，可老太太显然对此并不买账，就在家光前脚刚暗示完，她后脚也公开宣布，这第四代将军，必定要由家光的亲生儿子来当。

这话虽然说的那叫一个豪气万丈气概云天，可真要做起来比登天还难。俗话说得好，要想不爱姑娘的家光生娃，除非铁树开花，当时日本连铁树都没，怎么可能让家光一夜之间改了性子，喜欢上女人？

不过春日局毕竟是春日局，在冥思苦想了一段时间之后，她终于是想出了一个自认为绝妙的好办法。

话说在宽永十年（1633年）的一天，春日局带着一个男孩子走进了江户城，见到了家光。

根据老太太的介绍，这孩子名叫吉右卫门，本是蒲生家家臣的儿子，现在特地来江户城做小姓的。

吉右卫门长倒是长得极为清秀,唇红齿白貌若天仙,这等漂亮的男孩子在全日本恐怕都找不到第二个。所以家光非常高兴,当场就把他留在了身边。

家臣们知道了都一个劲儿地埋怨春日局,说你非但不想办法矫正将军的癖好,反而还给他送小姓,这不是拿肉包子打狗啥么,还生儿子?生个屁。

可老太太却只是笑而不语,一副静观事态发展的淡定模样。

因为吉右卫门长得漂亮性格也好,所以深受家光喜爱。两个人成天都待在一块儿,混着混着便很自然地混到了一张榻榻米上,这时候,德川家光才发现了一个惊人的事情:吉右卫门,居然是个女的!

而且她的名字也不是什么吉右卫门而叫阿振,身份倒是没错,的确系蒲生家家臣的女儿,爹叫冈重政。

这正是春日局的计策。

既然你喜欢男的,那我干脆就把女孩子扮了男装送到你身边,等你发现,那估计早已经爱上她了,想赶也舍不得了。

果然不出老太太所料,这一回家光并不像往常那样把她精心挑选送过去的女孩子给原封不动地送出江户城,而是将阿振留在了自己的身边。

这堪称是德川家光感情生涯中的一个重大转折点,虽然正房大老婆鹰司孝子此时刻仍然独守空房夜夜咬手帕,但家光跟阿振小两口的关系却是日益融洽。宽永十四年(1637年),如胶似漆的两人终于有了爱情的结晶——阿振产下一女,也就是后来的嫁给了尾张藩藩主德川光友的千代姬。

然而不幸的是,阿振在生下孩子之后健康状况便一落千丈,于宽永十七年(1640年)病逝在了江户城内。不过她的出现,让家光又重新燃起了多年前就已熄灭的对女人的爱火,所以春日局打算趁热打铁,早在阿振还活着的时候，便开始让人在全日本范围内物色美女，算是给家光找备胎。而老太太自己也亲自上阵，反正大奥里头除了女仆几乎空空如也无事可管，所以她便在江户周边满世界地溜达，以期邂逅一两个绝色的姑娘。

在宽永十一年（1634年）春天的某日，春日局正好去浅草寺拜佛，回来的路上，正好路过一家卖二手衣服的铺子，虽说老太太自己是目不斜视地准备从门口淡定地走过，可随行的几个姑娘却按捺不住了，她们毕竟整日里都在深宫高墙里头，能出来逛一回街也不容易，所以便不断地撺掇春日局说一起进去看看吧，兴许能淘到好东西呢。

老太太当然知道姑娘们在想什么，但想想她们小小年纪也不容易，又不是什么过分的要求，于是便满足了她们一回，一行人一起走了进去。

一进门，春日局就愣住了，因为在柜台前站着一个十三四岁的小女孩。

"你叫什么？"老太太如获至宝，一脸微笑地问道。

"我叫阿兰。"那个女孩倒也不认生，很响亮地做了回答。

"你是这家店的人吧？"

"嗯，这是我继父的店铺，我是来帮忙的。"

"你父母呢？能叫出来让我见一见吗？"

"我娘在永井家工作，我继父在，我去叫他。"说着，女孩便转身进了里间。

这里的永井家指的是古河藩（茨城县内）藩主永井尚政家，永井尚政就是在前几本书中非常活跃的那个永井传八郎的儿子。

顺便一说，这人后来有个子孙，是昭和时代（1925—1988）非常著名的作家，笔名三岛由纪夫。

很快，女孩的继父也就是店老板走了出来。他名叫七泽清宗，原本是上述的那个永井家的家臣，后来辞职不干了，然后开了这家旧衣铺子。

在双方做过简单的自我介绍后,春日局非常开门见山地对七泽清宗表示,自己看上了你们家的这个女儿,打算带她走,去江户城伺候将军。

七泽清宗则面有难色:"她才13岁,会不会太小了?"

春日局摇摇头:"很多丫鬟们刚进城的时候,比她还小呢。"

说着,她把头转向了阿兰:"你想随我进江户城吗?那是将军住的地方。"

"那地方大不大?"

"将军住的,你说大不大?"

"好玩吗?"

"将军住的,你说呢?"

"好,那我去!"

春日局的强势和手腕大家都耳熟能详,所以七泽清宗虽有一万个不愿意,可眼下却也只能点头,更何况阿兰本人的愿望也是想进江户城,后爹毕竟不是亲爹,有的事情很难完全做主。

就这样,这个13岁的姑娘随着春日局进了城,然后当上了一名普通的丫鬟。

这是必然的,虽说长得好看,可怎么说也是年岁过小且资历太浅,肯定得从底层干起。

这丫鬟一当就是三四年,在三四年里,阿兰连将军的面都没见过一回,每天就是干活干活再干活。不过好在这姑娘生性天真乐观,从不叫苦,反而还很会苦中作乐,比如干活的时候唱唱歌什么的。

话说有一天阿兰正在和一群丫鬟们一起擦江户城里的榻榻米。擦榻榻米其实就是擦地板,这活儿干过的人都知道,又累又枯燥,所以女孩子们不一会儿便没了耐性,其中一个女孩提议说,要不我们一边找点乐子一边干活吧。

其实这是常有的事儿,大奥里的姑娘们会经常在干活的时候苦中作乐一番,调节自己的情绪,这是公开的秘密,只要不耽误工作,一般没人会说什么。

姑娘们那一天的乐子是让嗓音最好的阿兰唱一首歌,因为见惯了这种场面,所以她不推辞也不害羞,大大方方地站到了众人跟前,唱起了家乡的民歌《捣麦子》。

开始的时候大家还边干活儿边听,可渐渐地,所有人手里的活儿都停了下来,原先一脸欢笑的表情也变得严肃万分,甚至还有些惶恐。

那是因为在这堆听众里头,不知不觉地就多出了两个人——德川家光和春日局。

其实他俩是纯路过,然后被一阵奇怪的歌声所吸引,尤其是家光,平日里听惯了阳春白雪,头一回接触乡间小调下里巴人,顿感新奇,忍不住就停下了脚步。

而阿兰却浑然不觉,依旧在那里很自我陶醉地唱着《捣麦子》,"捣"完一曲之后,这才发现了那两位不请自来的听众。

于是气氛一下子就有些小尴尬了,你可以自行想象一下当你在上班的时候引吭高歌《最炫民族风》并被老板发现了的情形。

不过家光却只是微笑着说道:"唱得不错。"

阿兰则还以羞涩的一笑。

"你叫什么?"

"我叫阿兰。"

"哪里人?"

"下野都贺高岛村。"这个地方位于今天的枥木县枥木市内。

"你家里是干什么的?"

"她的继父是开旧衣服铺子的,母亲在永井家做事。"春日局在一边代为回答道。

"哦……这样啊。"家光点点头,然后问了个很不着调的问题,"你亲生父亲呢？"

"我亲生父亲叫青木三太郎，原本是朝仓家的家来，后来因贪污了主君的钱财，所以不得不逃到了乡下，可又因为猎杀了仙鹤，所以被奉行所捉拿，判了死罪。"

说这些话的时候，阿兰的脸色没有一丝的不安，虽然有些羞涩，但两只眼睛却一直平视着家光。

而家光却忍不住笑了出来："哈哈哈，你爹还真不是个东西，偷了钱也就罢了，居然还打鹤，哈哈哈，摆明了是要找死啊，哈哈哈哈。"

"你才不是东西呢！"

家光的笑声瞬间戛然止住。

周围也顿时一片寂静，就连素有富士山崩于跟前仍能面不改色之名的春日局都脸色发青了。

自源赖朝在镰仓开创了幕府政治的时代以来，敢当面说幕府将军不是东西的，这位小姑娘是开天辟地头一人。

边上几个人一看情况不妙，连忙站出来给阿兰打圆场："这可是将军大人，你还不快跪下道歉？！"

"我为什么要道歉？！"她似乎完全不肯服软。

"你居然敢对将军大人如此出言不逊，你不要命了吗？"

"他这样说我爹，难道他不该道歉吗？！"阿兰一副相当生气的样子，仿佛是家光得罪了她，"难道只有将军大人是人，别人就不是人？"

"住嘴，你爹本身就不是东西。"愣了好一会儿的家光总算反应了过来，"贪污钱财，偷猎仙鹤，这是武士该做的事情吗？这是人该做的事情吗？你还有理了？"

"我爹为了一家老小，不惜铤而走险，何错之有？你能说风凉话只因为你是将军，要是你也是我们这样的小老百姓，指不定会干出什么更不是东西的事情呢！"

在场的所有人突然都有了一种想笑的冲动。

因为本来剑拔弩张的场面现在似乎已经转变成了纯粹的孩子吵架——两个尚未长大的孩子正在互相攻击对方或是对方的家人不是东西。

很快,家光也意识到了这点,忍不住又笑了起来。

而阿兰只是摆出了一副很奇怪的面容:"你笑什么?"

"你叫阿兰?"家光笑着问道。

"是,我叫阿兰。"阿兰却是一点都没想笑的意思,反而一副"刚才不都已经告诉你了"的表情。

"这个名字不好,兰的发音和乱相似,多不吉利啊,要不就改一下吧?"

"那叫什么?"

"就叫阿乐吧,如何?快乐的乐。"家光一脸兴奋加期待。

"嗯,似乎听起来还不错嘛。"

"阿乐。"

"干吗?"

"你要是愿意的话,以后就来我身边好不好?"

面对表白,年轻的姑娘一句话也没说,只是默默地点了点头。

于是他们就这么好上了,然后阿乐很顺利地怀上了孩子。

宽永十八年(1641年)八月三日,这一天,阿乐被送进了产房,而德川家光则在江户城的本丸和诸重臣亲戚一起等待着消息。

众人静坐了两三个小时,土井利胜一路狂奔地冲了进来,然后跪倒在地:"恭恭恭喜喜喜将军!"

望着已经68岁正在气喘吁吁的利胜,德川家光示意他先喘一口气,慢慢说,不差这一两分钟。

"恭喜将军!是少主!"

土井利胜几乎是用尽了全身的力气,从心底里迸发出了这句话。

屋子里沸腾了,欢呼声贺喜声千秋万岁声不绝于耳。

紧接着,家光站起了身子,又宣布了一件振奋人心的大事:"这个孩子,就叫竹千代吧。"

竹千代是他们德川家历代嫡子的专用幼名,虽说这儿子是小老婆所生,但考虑到家光跟鹰司孝子两人八字不合怎么着都好不到一块儿,实际上已经不可能再有嫡子,所以这个新生的婴儿,便成为了德川家的新一代继承人,也就是第四代幕府将军。

数日后,尚在襁褓中的新生世子在江户城中和群臣见了面,当时抱着他的,不是御台所鹰司孝子,也不是亲生母亲阿乐,而是时年已经63岁的春日局。

由此可见老太太在幕府中的地位之高。

"这是吉兆,是祥瑞,国家之大幸!"那天在场的每一个家臣都擦着眼泪这么说道。

话听起来确实是这样,自家光那年受了打击不爱姑娘之后,每一个关心幕府前途的臣子都无不盼望着自家的主公能够变回正常,好让德川宗家后继有人,可以说,这个男婴,他们等得太久了,无怪乎清一色地将其视为祥瑞。

然而,实际情况却有点不同。

竹千代的降临,并没有给日本带来什么看得见摸得着的好处,恰恰相反的是,这一年,一场巨大的灾难降临在了日本列岛之上。

第二十八章 宽永大饥荒

当年九月,从东北地区传来了消息,说是遭到了百年一遇的大歉收。

歉收的原因是因为年岁不好,风不调雨不顺。这种情况在全日本其实年年都有,所以当时没人把它当回事儿,甚至都没上报将军,几个老中直接就把事情给处理了——让当地诸侯适当地减免农民的年贡,必要的时候开仓救灾。

严格说来,这并非处理办法,纯粹是走个程序罢了。

只是让人万万没有想到的是,东北这次的状况根本就不是风不调雨不顺那么简单的六个字可以形容的。那地方从当年年初开始就仿佛被诅咒了一般,先是暴雪不断,之后数月梅雨,等到种下去的稻子连根都被泡烂了的时候,雨倒是停了,可又改了大太阳了:一场十年不遇的大旱灾降临了。每天都是烈阳高照,一直晒到八月中,于是九月自然也就别秋收了。

所谓歉收,纯粹是个场面话,真正的事态应该用"颗粒无收"这四个字形容才对。

更为可怕的是,这些不过只是冰山一角罢了。

实际的情况是,自岛原之乱之后,日本各地的大灾大难就没停过,比如动乱结束的当年宽永十五年(1638年),九州地区就暴发了大规模的牛瘟;宽永十七年(1640年),虾夷国(北海道)的虾夷驹岳火山喷发,火山灰遮天蔽日,整个奥州地区好几个月都看不见太阳。

第二年（1641年），也就是东北歉收的这一年，灾难继续蔓延在日本列岛的土地上。

从春节到端午这几个月里，近畿、四国等大片地区几乎滴雨未下，北陆的确则是一连下了数月的阴雨，而其余的地方则分别出现了洪水、冻灾、蝗虫等各种各样的事端。

这些年的收成，自然不用说，肯定很差。好在各藩还都有些余粮，尚可勉强度日。

到了宽永十九年（1642年），史无前例的大饥荒终于来临了。

遭灾的包括了上述的几乎所有地区，尤以东北地区为重。

说起来，今天的日本貌似是全世界浪费食物最厉害的国家，无论是便利店还是餐馆或是其他地方，每天都会因各种理由而丢弃大量的食物。对于现在的日本人而言，所谓饥荒，不过是一个仅存在于书报杂志中的字面概念罢了，但在当年，这却是一场真真切切的悲剧。

在受灾最重的东北地区，颗粒无收的农民们开始舍弃田地家园甚至是家人而陆续逃荒，在逃荒的过程中，既没有觅食能力又容易伤风感冒还消耗粮食的孩子们就显得碍手碍脚了。

人被逼急了那就什么都做得出来了。虽然还没到易子相食的地步，但东北的农民们却用人道毁灭的方式，试图排除自己逃荒路上的障碍——没有人统计过数字，不过至少有上百名不满7岁的儿童被抛入了河里溺死，同时，也有很多孩子被卖掉，由此也应运而生了很多人贩子甚至是人口市场。

不过当时的人口市场并非单一地贩卖人口，它其实主要是作为一个放高利贷的机构而存在的。

具体的放贷方式是这样的：根据你家中所剩的人口，来决定借多少钱给你。

比如你家里有一个14岁左右的女儿，那么恭喜你，你能拿到最高额的贷款——金三分。

江户时代日本的货币基本还是金银铜，而金币的基本单位是两，一两金等于四分，大约折合八万日元，三分金的话就是日元六万，基本等于人民币四千八。

在放印子钱的人把那四千八百人民币交到你手里的同时，你还必须签署一份协议，大致内容是约定还款期限跟利息数目，一般月息在三成以上，如果到时候还不出，那么你那位14岁的女儿就要跟人家走了。

一旦女儿被人带走，那么这辈子就不属于你的了，哪怕你第二天连本带利凑到了钱，那也都无济于事了。

而你的女儿，自然不会被人贩子养一辈子，肯定会转手再卖，至于卖到哪儿，这个你应该懂的，我就不多说了。

根据统计，百分百是说不上，但至少超过百分之九十九的人，是绝对没有钱偿还高利贷的，也就是说，当他们决定用人换钱的那一瞬间，便意味着这桩人口买卖的交易成交了。

话说在这场饥荒中，有一个村子一下子被卖掉了60人，总价黄金一百二十七两，其中有母子四人，仅仅以八两黄金的价格被出售。

当后世的我们看到这一组组宛如批发大米蔬菜一般的人类价格，只能这样宽慰自己：对于那些被卖走的人而言，无论今后将面对怎样的艰难困苦，或许总会比饿死要强一些吧。

这场饥荒的范围非常巨大，不光是东北这种荒凉之地，就是原本的繁华地带，也未能幸免。

在当时的京都周围，到处都是饿殍弃婴，小孩子就这么被放在了路边或是屋檐下，父母的本意似乎是期盼着能有好心人收养或是屋子里出来一个人喂一口米饭，可在这种时节，哪还会有那样的善人，被抛弃的孩子们的下场几乎无一例外都是活活饿死。

事情发展到这一步，于是幕府也就不能再不闻不问了。

当年五月，德川家光下令受灾地区的诸侯们，必须都要亲自去灾区走一走看一看，至少得知道一下老百姓们正在过的是怎样的一种生活。

看完了之后，要求大名们人手一份报告，呈交幕府。

在了解了各地灾情之后，家光又开始了第二步措施。

六月，幕府下令全日本各地都禁止再用粮食制造诸如馒头、乌冬面、荞麦面等各种点心食物，同时，一切奢侈的行为也都被禁了，比如什么大吃大喝开酒宴之类的，一概都成了违法行为。

此外，考虑到饿殍遍地这一情况，所以中央和地方都拿出了不少存粮，在灾区各地都设置了救济小屋，也就是类似中国古代开的粥厂，向沿途逃荒的饥民发放口粮。

然而以上做的一切终究只不过是针对表面的治标之举，要想彻底摆脱饥荒，弄个什么百年大计出来，自然还得要更给力的政策。

其实幕府也很明白，全国大歉收，固然是天灾没错，但事情演变到这般田地，更多的则是人祸。

首先，各路诸侯对于农民的压榨，实在是太重了。风调雨顺大丰收的时候你要这么来，老百姓虽然苦些可至少还能活，可若是天崩地裂你都不改政策，那就是真的要把人往死路上逼了。

所以，第一个要调整的，就是农民肩膀上的负担，幕府放出了话来，表示自己直辖的天领内，适当地减免赋税，同时也要求各地藩国紧跟政策，好好效仿。

其次，当灾害来临之际，各藩的抢救措施也做得极不到位。农民们都在卖儿卖女卖全家了才想起来开粥厂，实在是慢了不止五六拍，真要全都把儿子卖给绝户女儿卖去窑子，那今后谁还来种地？故而幕府当机立断，下令在全日本范围内展开暂时的严打活动，主要打击对象是人贩子。

注意，是暂时。

第三，也是最重要的一部政策，跟之前两部所不同，它并非"暂时"，而是一部贯穿了江户时代两百多年的正经法律——《田地永久禁止买卖令》。

说起来，当饱受饥荒之苦的农民在山穷水尽之时，第一个变卖的肯定不是儿女，而是自家的田地，虽然是责任田没错，但幕府之前也并没有说不能卖，这等于是个法律的空子。所以在很多闹饥荒的灾区，土地易主现象很普遍，有人趁着机会兼并了大量田地，俨然一副战国时代的小豪族，这显然是很不利于安定团结以及和谐的，而为了消灭这种现象以防农民做大变成庄园主最后变成战国大名，自然就得把土地买卖这事儿给禁了。

在这部禁止土地买卖令中，幕府除了规定日本国内的土地在任何情况下都不准交易之外，同时还明文指出，为了提高粮食的产量，避免下一次再发生饥荒，故而农家的土地上，一般只允许种吃的和穿的，经济作物通常是不给种的。

不过这条规矩并没有被很严密地遵守执行，很多藩国在粮食种得够吃了的情况下，自然得发展副业，总不能永远都是大米白面棉花丝绸的过一辈子，对此，幕府其实心里也明白，反正只要不闹饥荒不饿死大批的老百姓，也就睁眼闭眼地过去了。

在幕府倾心尽力的控制下，这场饥荒总算也就这么给熬了过去。

但对于家光而言，这还只是厄运的开始。

第二十九章 母亲

宽永二十年（1643年）夏秋之交，春日局病倒了。

老太太这是属于操劳过度外加悲伤过度。

前者比较好理解。虽说长期以来家光的后宫一直空空荡荡很太平，但德川幕府的政务实际上很多都是春日局在处理，老太太和天海大僧正以及柳生十兵卫他爹柳生宗矩这三人一度被誉为是三代将军之鼎的三足，所以苦点累点倒也正常。

至于后者，则是因为稻叶正胜。

话说在宽永十一年（1634年）的时候，德川幕府一代重臣兼忠臣稻叶正胜同志，突然就在江户城永远地离开了我们。

这事儿可真叫一个来得突然，当时连半分前兆都没有，只见得稻叶正胜正开着会跟手底下人说着天下大势，突然就一口鲜血从嘴里喷了出来，然后趴倒在了地上。

等手下回过神来又叫来了郎中，正胜早就已经没了气息。

那一年他才37岁。

按照现代医学的说法，这人其实就是过劳死。

稻叶正胜当时年轻有为，很有可能在后来建立老中制的时候入阁拜相成为首辅，但却在这种时候突然离世，这让很多人都为之扼腕叹息，而对于亲生母亲春日局来讲，则只有痛心了。

毕竟是白发人送黑发人，人间最大悲剧之一。

自那之后，春日局虽然依旧和往常一样掌管着幕府的政务并努力奉公，但却很少再有笑容，即便是旁人也能一眼看出她的郁郁不欢。

这种抑郁显然对健康有百害而无一利。而在老太太病倒之后，家光甚为担心，亲自安排了名医数人前去展开会诊，而众医生们在看完了病之后也依照惯例开出了一大堆药。

但春日局却拒绝服用任何药物。

"当年的誓言，我决不能违背。"她如此说道。

老太太倒真是个说到做到的人，自打家光那回得天花之后，她确实是不管什么病都靠自己硬挺，哪怕再重，也绝不喝一口药。

德川家光知道后，亲自赶了过来。

"阿福，既然生病了，为何不肯吃药？"

"亲口在神佛面前发过的誓，怎可反悔？"

"你不吃药，难道还等着死不成？"家光急了。

春日局笑了，但并没有说话。

"阿福，如果你再不肯吃药的话，小心我亲手杀了你哦！"

不管年龄有多大，不管地位有多高，在老太太跟前，家光永远都只是个孩子。

眼看威胁似乎不管用，他便立刻又换成了哀求的表情："阿福，你就吃药吧，不然真要有个万一那该如何是好？竹千代那孩子以后还得你来带呢！"

话都说到了这个分儿上，春日局便也不再坚持，笑着点了点头："那好，那我就吃药吧。"

于是家光也笑了，看得出来他对自己的劝说效果感到很满意："那我先走了，阿福，你一定要记得吃药。"

望着将军远去的身影，阿福的笑容中，浮现出了一丝无奈。

第二天，家光又来了，同时手里还端着一碗药。

"阿福，你昨天其实是在敷衍我的吧，想哄走了我，继续不吃药。"

他说道,"既然你能为了我向神佛发誓,那么这一回就为了我对神佛破誓吧。"

春日局没有说话,只是笑着摇了摇头。

两人就这么僵持了起来,过了好一会儿,老太太终于是开口服软:"那我就喝了这碗药吧。"

家光笑了。

不管在中国还是日本,看着别人吃东西总不是一件礼貌的事儿,所以春日局把碗接过去的时候,说了一句:"将军还是暂且回避一下比较好。"

家光同意了,反正只要老太太肯喝药,别说回避一下,两下三下都无妨。

于是他退了出去,片刻后,丫鬟走了出来,报告说药喝完了。

家光长长地松了一口气。

既然喝下了这一碗药,那就表明当初的誓言被打破了,以后再也不用拘泥纠结了。

所以在临别的时候,他一脸的轻松,开玩笑地说,阿福,以后我就不用来监督你喝药了。

而春日局则笑着回答,说将军您尽管放宽心,药我会好好喝的。

家光走了,他最终还是没有注意到春日局胸前的衣服已经湿透了一片。

老太太到底还是遵守了誓言,趁着家光不在的当儿,偷偷地把那碗药倒在了衣服上。

由于无论如何都不肯吃药,所以她的病情越来越重,最终到了即便吃药也好不了了的地步。

当年九月十四日,春日局病逝于江户城,享年65岁。

直到死,老太太都没有喝过一口药。

因为在她看来,神佛对于家光的庇佑,要比自己的性命重要得多得多。

春日局的一生说到这里也就算完了，不过个人觉得，还是有必要再多扯两句的。

众所周知，日本的女性在历史上的地位是很低的，尤其是战国时代的那百来年，女性更是几乎只被当做了工具，无论出身高贵与否基本都是如此。真正能够独立自主，在男人世界里打出一片天地，可以称得上"人物"或是"豪杰"的女性，几乎是少之又少。

而春日局却正是这么一位不输给任何男人的女中豪杰。

她掌管着家光时代的后宫大院，等于说是在维护着大后方的安泰。而且家光从一个缺少母爱的问题儿童变成一代明君，以及他性取向的转变，乃至中年得子有了继承人家纲，这些全都可以算是老太太的功劳。

当然，正所谓有功必然有过，尽管春日局德高望重堪称江户时代女性模范，但无论是她在世还是过世，对她的批评指责之声永远不曾少过。

主要内容无外乎老太太凭借着特殊身份参与政治，甚至还背地里拉拢各路诸侯云云，虽说女人参政历来是东方国家的忌讳，但实际上却也并非如此。

春日局所谓的参政，所谓的拉拢大名，其实说白了就是维稳。比如说她会以将军乳母的身份给幕府的重臣们乃至大名们说亲，其用意首先自然是卖好，让臣子们感到天恩如细雨；其次则为的是用亲事把这些人都给拴在一块儿，如果以后万一有哪个缺心眼的哥们儿想干点什么了，那么他也不得不考虑一下自己的某位亲家，正所谓打断骨头连着筋，就是这么个说法。

如果说德川家康耕地，德川秀忠播种，德川家光让江户时代的太平盛世冒出了芽尖的话，那么春日局，则是这盛世之中一名万不可缺的园丁。

后世对于春日局的评价，大致便是如此。

不过我要说的，却并不仅仅是这些。

如果要给春日局开一个专题，那么这题目，我想有两个字最为合适——羁绊。

这个词最近出现的频率很高，一般常见于各种日本的动漫或是电视剧。这也难怪，因为羁绊在中文里的意思是约束、束缚，而且还多少带点贬义，有"缠住不能脱身"的含义在里面，而在日语中，这个词则是个非常文艺范儿的概念，指的是人和人之间感情和感情的维系。

用一个或许不怎么恰当但足够通俗的说法来解释的话，那就是缘分。

缘分就像一条看不见的红线，把人和人牵在了一块儿。

不同的人之间有不同的缘分或是羁绊，比如旋涡鸣人跟宇智波佐助之间，他们的羁绊被叫作"同伴"，当然你要说是好朋友我也不反对。

而春日局跟德川家光之间的羁绊，我想应该是母子。

这个说法或许很难得到理解，因为在世人眼中，所谓母子，有一个最基本的必要条件，那就是得是十月怀胎从身上掉下来的一块肉，像那种喝几个月奶就叫妈的事情，叫作有奶便是娘，属不入流的行为。

所以在中国的史料里，说到乳娘，一般就会提到明朝的万妃或是客氏，而在文学作品里，比较有代表性的则是容嬷嬷。

总之，形象都比较妖孽。

这是因为在大多数人看来，没有血缘关系做基础的所谓亲缘关系，总是靠不住的。

不光是中国人这么看，其实日本人也这么看，君不见战国时代最乱的那会儿，虽然兄弟相残父子相斗屡禁不绝，可大名和大名之间为了维护所谓的和平，往往还是会选择"结亲"这一手法，因为不管怎么说，血总归浓于水的。

虽然这种手段说到底不过是在自欺欺人。

亲事一门接着一门地结，可真到了该出手的时候没一个手软的，照样打得血流成河。

所以我们可以得出这样的一个结论：维系人与人之间的羁绊，虽说血缘亲缘之类的关系固然是一个因素，但真正重要的，其实是一颗心。

你对人付出了真情，即便不是亲戚，别人也会把你当亲人。

举个最简单也最不恰当的例子——你活了一辈子见过几对夫妻结婚前是亲戚的？

虽然至今我们已经没有办法去考证春日局当初进江户城做乳母时候的心态到底是怎样的，或许她仅仅只是把这份工作当成了一份工作，说得再崇高一些也可能是一项使命，但当事情发展到后来，我们可以看出，她确实是把自己的工作对象德川家光当成了自己的孩子，视如己出地抚养，不仅尽了乳母之责，更尽了母亲的心。

可以毫不夸张地说，春日局，就是德川家光的母亲，即便两人之间并没有血缘关系，但他们的母子羁绊，却也是永远都不会被任何利刃所切断的。

说起来，在京都花园町的一个叫麟祥院的庙里，供奉着春日局的佛位，同时也珍藏着不少她曾经用过的遗物，其中有一把怀剑，是当年中宫皇后德川和子所赠，据说春日局自得到之后，终生都随身携带着。这把刀看起来跟普通的匕首短刀无异，但却有一奇特之处，那就是在刀柄上，刻着一尊菩萨的浮雕。

所以有人就表示不解，问春日局说，为什么要在刀上刻个菩萨，这也太自相矛盾了这个。

"这把剑只用于防身，绝不会用来随便杀生，所以才会有菩萨的雕像嘛。"春日局回答道。

老太太这一辈子，都在守护着自己要守护的东西。

第三十章 他是谁?

巧合的是,继春日局之后,老和尚天海也不行了。

当年的十一月二十六日,江户时代著名宗教界领袖,人称黑衣宰相的天海大僧正圆寂,享年116岁。

不管在那时还是现在,这都算是高寿了,或者说是高寿中的高寿了。

不过我们要讨论的不是这个,而是另一个话题。

按照惯例,在这本书里,只要不是路人甲,一般角色故去,我总是要多两句嘴,天海也不例外。只是跟以往不同的是,关于天海,我并不打算作一些评论性的总结,而是只想说明白一个问题——他是谁?

或许你从一开始就已经感到奇怪了,因为这老和尚几乎是平地里突然冒出来的角色,没有任何铺垫也没有任何关于他之前经历的叙述,一出场就是个久经风霜老谋深算的老头子,这实在是太可疑了。

事实上,天海大僧正的真实身份,绝非是可疑二字能够形容的,那根本就是个谜,甚至可以称作是江户时代最大的谜团,没有之一。

说起来,你还记得战国时代最大的谜团是哪个吗?我们之前说过的。

没错,是本能寺之变。

巧合的是,这两个谜团,很有可能就是一个。

支撑了江户幕府三代人的谜样怪僧天海老和尚的真实身份其实是——明智光秀。

先声明一句，这是我的个人观点，我个人为此负责，但也仅代表我个人，和其他一切人与事物没有任何关系。

其实这样一想的话，很多事情就都能说得通了。比如春日局之所以能以一介叛臣女儿的身份成为竹千代的乳母，全因明智光秀在背后竭力举荐，同时因为她是斋藤利三的女儿，故而在初来乍到的时候，光秀会说上那么一句："好久不见。"

类似的证据还有很多，我们等下会一一罗列。在此，首先需要证明这样一个事情，那就是在当年天王山之战后，明智光秀并没有死。

因为时隔久远，所以我们在正式说事儿之前，先把光秀死的时候的场景给大致回忆一遍。

话说天正十年（1582年）六月十三日，在天王山之战中败给羽柴秀吉的明智光秀率数骑残部逃走，路过京都一个叫小栗栖的地方的时候，被当地山民用竹枪刺中了腹部，血流不止的他自知不久于人世，便切腹自尽，享年55岁。

负责介错的家臣叫沟尾茂朝，他砍下光秀首级之后，便将其尸体掩埋，然后抱着脑袋逃往了光秀生前所掌控的阪本城。

以上就是事发当时的基本情况，目前已经普遍被认定为铁一般的史料了。

但实际上却并非如此，或者说光秀之死的疑点有很多。

首先，光秀被农民拿竹枪捅的时候已经是晚上了，而且又是在山林之中，那么，为何那个跟他素昧平生的庄稼汉能够如此敏锐地一眼认出那就是明智光秀？

当然，肯定有人会说，光秀穿着铠甲，战国时代高级武将们的铠甲都是各有各的特色，从衣装上就能轻易地辨别出谁是谁来。

对此，我个人表示认同，但与此同时，也想提出一个疑问：既然明智光秀穿了铠甲，那么一个农民，光凭一根削尖的竹子，居然就能把他捅成重伤？

这还只是其一。

其次，光秀死的时候是六月十三日，同月十七日，首级被送到了秀吉的跟前，并且当场被辨认鉴定了出来。

这个很难让人信服。

六月十三日，是阴历，按阳历来算，则是7月2日，正值盛夏，有点常识的人都该明白，一颗脑袋被沟尾茂朝这么带着走了整整4天，又没任何保护措施，早该烂得都没人形了，可秀吉那边居然还能一眼就给认出来，这太不可思议了。

而且，沟尾茂朝带着自家主公的脑袋到处走这本身听起来就很扯淡。

既然光秀死了，那么他身为家臣，就有义务要保护好主公的尸首，比如关原战场上大谷吉继的家臣汤浅五助，就把吉继的尸首给很认真地埋了起来，还死活不肯让德川方知道。带着主公的脑袋到处乱窜，这等于是把脑袋往敌人手里送，这世上哪有这种道理？除非是想故意倒戈领赏，可沟尾茂朝也不是这种人，他后来为君尽忠都切了腹了，没理由这么坑光秀一把的。

所以唯一的解释就是，沟尾茂朝手里的那颗脑袋，并不是明智光秀的，并且他其实是知道光秀没死，甚至是知道光秀的下落，正因如此所以才会切腹自杀，将此事彻底变成死无对证。

其三，光秀死的时候，有家臣比田带刀和进士作左卫门两人一起殉死。

可事实上这两人谁也没挂，都在数年后成为了细川家的家臣，这在《细川家记》上都有记载，你可以去查。

原本是自称殉死的人结果没死，有两种可能。第一，他们临阵缩头，可如果要是这样，你觉得细川家会接纳他们做家臣吗？口口声声说要殉死结果活了下来，这是一种比战场上投降更让人所不齿的行为，战场上投降，说难听点叫蚁蝼尚且偷生，而你说好了要殉死却没死，那叫装样儿遭雷劈，没人会看得起你。故而只能是第二——殉的对象本身就没死，自然也就不必跟着一块儿殉了。

其四，捅伤光秀的那个农民，在当年自然也成了名人，他的尊姓大名被记载在了很多资料上，叫做中村长卫门。

但在江户时代初，有好事者特地去了小栗栖想要重访历史，顺便见一见这位长卫门的后人，看看他们现在在做些啥。

可结果却是让人异常震惊的，因为别说是后人了，就连中村长卫门这个人，都不曾在当地存在过。

问遍了包括庄屋在内的几乎大多数村民，得到的都是查无此人这四个字。

杀人者如果是虚构的，那么被杀这回事，显然也不太可能是真的吧？

通过以上四点，于是我们便能得出一个初步的结论：明智光秀，很有可能没死在小栗栖。

个人认为，可能性在七成之上。

接下来，我们开始讨论光秀与天海的关系。

光秀和天海是同一人，这当然不能空口白话瞎说，谎言纵然说一千遍那终究还是谎言，变不了事实，事实得有证据。

证据之一就是天海跟春日局有旧交。一个叛将之女，居然堂而皇之地进了江户城当上了将军家的乳母，若是内部没有知根知底的人，那显然说不通，而这知根知底的，自然就是在第一次面见家康时跟她坦然打招呼说好久不见的天海了。

不过，光凭这个显然不能把天海跟光秀画上等号，必须还得有更多、更有力的证据。

证据二，在日光东照宫里头，很多人物的雕塑上，都能见到桔梗图案，这是当年明智家的家纹，虽说不是他们一家专用，但也的确比较有代表性，这就好比木瓜纹家徽在战国时代确实有很多人在用，但真要提起这个纹路，人们第一个想到的一般都是织田信长。

证据三，在日光，有一处叫做"明智平"的地方。

关于这个地方的来历，其实也和天海有关。

话说当年在给这地起名的时候，家光曾专门请教过天海，说大师您看这儿叫什么名好？

天海想都没想就开口说叫明智……然后琢磨了一下说出了第三个字："平，就叫明智平吧。"

家光觉得很奇怪，为毛要叫明智平？

"我总得给我明智家留下点什么吧。"天海这么说道。

这地方其实就是现在位于日光的华严瀑布，有名倒是很有名，不过不是什么好名声，乃著名的自杀圣地，日本当年文部大臣，夏目漱石的弟子安倍能成的老婆的哥哥藤村操，就是死在那地方的。

以上三个证据，可以算是历史证据，来证明光秀就是天海。

现在要说的，则是科学证据。

前几年，东京电视台为了搞明白光秀和天海到底是不是同一个，专门翻出了两人亲笔写的书信，然后找来了笔迹鉴定的专家，打算通过笔迹来判断他们之间的关系。

鉴定的结果是，明智光秀和天海的笔迹极为相似，基本可以断定为出自同一人之手，即便退一万步说不是一个人写的，那至少两人之间的关系，也是非常密切的。

其他的相关所谓证据还有很多，因为篇幅问题以及证据本身可信度靠谱度问题就不一一列出了，比如德川秀忠取了秀字，所以德川家光才会取光字，父子两人连起来正好是"光秀"，这种说法仅限于坊间传闻，你拿出去骗骗不谙世事的小朋友可以，真要摆上了台面，估计也就被人当随口扯淡。

但不管怎么说，天海是明智光秀这件事，可能性极大。

去除一切不可能的因素，剩下的，无论你多么不愿意相信，那就是事实的真相。

这是名侦探工藤新一的名句。

于是让我们重新再来说一遍：宽永二十年（1643年）十一月二十六日，活跃于战国时代的著名武士明智十兵卫光秀，去世于江户，享年116岁。

最后，就让我用一个小故事，来为光秀物语彻底地画上句号吧。

话说有一年秋天，德川家光招待天海进城，请他吃柿子。

吃完之后，老和尚跟家光说："你这柿子核要不要？"

家光说："我要这玩意儿干吗？"

于是天海说："既然你不要，那就给我吧。"

家光点点头表示你尽管拿去，但又觉得奇怪："大师，您要这核作甚？"

"这柿子本是绝品，核也定是上好的核，所以老衲想拿回去自己种。"

柿子这东西从种子埋下去到结出果来，怎么说也得好几年，而当时的天海，已经100多岁了。

所以家光不禁哑然失笑："大师，您要吃柿子尽管问我要，自己种，那得等到什么时候？"潜台词其实就是"出柿未成身先死了"怎么办？

天海自然是听明白了其中的意思，立刻正色道："治理天下之人，切切不可性急，将军你正值壮年，却连数年时光都不愿意等吗？"听了这话，家光虽说仍是一脸的不以为然，但也只能表示，好吧，那您就去种吧，真要种出来了，记得拿来给我尝尝。

结果任谁都没想到的是，时隔几年之后的某天，天海真的带了五六个柿子进了江户城，然后把这些东西给了家光："将军大人，这是老衲种出来的柿子。"年轻的将军虽是一脸惊愕，但却还是有所感悟。

"治理天下之人，切切不可性急。"

数百年后，在与日本一海相隔的大清，英国传教士李提摩太曾向李鸿章建议每年投入一百万两白银进行教育改革，李鸿章认为开销太大，但李提摩太说这会带来百倍的收益。李鸿章问什么时候能见成效，得到的答复是二十年，李鸿章说："我们等不了那么长的时间。"

几乎是在同一时期，曾建议光绪帝去日本考察的王照，也对康有为说过："我看只有尽力多立学堂，渐渐扩充，风气一天天改变，才能实行一切新政。"但康有为却说："列强瓜分就在眼前，你这条道如何来得及？"

公元1905年，严复与孙中山在伦敦会面，严复认为中国的根本问题在于教育，他对孙中山说："以中国民品之劣，民智之卑，即有改革，害之除于甲者将见于乙，泯于丙者将发于丁。为今之计，唯急从教育上着手，庶几逐渐更新乎！"而孙中山只是告诉他："俟河之清，人寿几何？君为思想家，鄙人乃实行家也。"

一个洋务派领袖的北洋大臣，一个维新派领袖，一个革命的先行者，三人都堪称是数百年来人中之杰，却也都如此的性急。

或许真的是只有经过一次生死的人，才会有天海般的大彻大悟吧。

如果让光秀和信长在天上再会的话，那我相信已经化身为天海的他，定会为当年一时的神经质冲动而后悔，也一定会真诚地对信长说一句："大人，本能寺的时候，真的对不起了。"

当然我也相信如果信长碰到秀吉的话，是断然不会为多年来一直叫他猴子这事儿而道歉的。

在春日局和光秀死后，幕府的政治大权基本上被握在了三个人的手上——酒井忠胜、松平信纲和保科正之。

前面两人没什么说的，堪称家光的左右手，而最后那个其实也在意料之中，毕竟是将军的亲弟弟。

话说在秀忠去世之后，家光也确实是谨遵父训，对这个弟弟宠爱有加，先是在宽永十三年（1636年）封了他出羽山形藩二十万石，之后又在宽永二十年（1643年），让他转封会津（福岛县内），石高二十三万。

同时，德川家光还允许正之改姓松平，算是公开承认了他是德川家一门这一事实。

让正之备受宠爱优待的原因其实并非只是因为他是将军的弟弟——你要看看德川忠长的下场也该知道不是了，真正秘诀实际上源于他本身的特质——忠诚和低调。而这两个特质的根源，叫作感恩。

他知道，自己尽管是幕府将军的私生子，可私生子毕竟是私生子，要真的能光明正大地当一回王子，还至于18年见不到亲生父亲一面吗？

当他从秀忠那里得到了保科家的继承权以及三万石领地的时候，他很兴奋，也很满足，他觉得，自己得到的东西太多了。

所以他一直奉养着自己的养父保科正光，即便是在之后得到允许改姓松平的权利之后，他还是依旧维持保科的旧姓，为的就是表达自己对养父的感恩之情。

保科家一直到了第三代的时候，才正式改姓为松平。

而在他成为会津二十八万石大名之后，那种原本朴素的感恩之情，立刻转换进化成了忠诚——对幕府，对将军近乎无限的忠诚。

我们都知道，日本是一个地震频繁的国家，大震三六九，小震基本天天有，而在那个救援机制以及建筑防震水平还非常落后的年代，一次地震就可能要了任何人，所有人的性命。

有一次，德川家光在江户城内召开会议，各大老中以及幕府高官几十人在座，保科正之也身在其中。就在大家热烈讨论着一个个议题的时候，突然发生了一阵猛烈的晃动，所有人都立刻反应了过来：地震了。

接下来就是一片慌乱，大家起身的起身，找地方钻的找地方钻，纷纷乱成一团。

几十秒之后，震动消失了，大伙虚惊一场，又纷纷地坐回了原来的位子,然后喘气的喘气拍胸口的拍胸口,气氛又再次轻松了起来。

但很快,所有人都如同着了魔一般地愣住了,眼睛直直地就盯着前方一动不动。

因为他们看到,保科正之两腿站开,双手平行前举,一只手挡在了家光的头上,抬着头死死地盯着天花板,一动都不动,一副随时准备压在家光身上,用自己的身体来保护自己哥哥的架势。

我不否认地震的那一瞬间各自逃命是人类的本能。

所以,那些口称忠君武士道的幕府高官们是没有错的,也没有违背他们所谓的忠诚心,因为他们首先是人类,其次才是一个武士。

我只能说,保科正之已经把这种对于家光的忠诚,变成了自己的一种本能。

这种忠诚赢得了家光的信任,而这两种感情交融在一起,成为了浓浓的兄弟情。

OK,扯淡完毕,言归正传。

第三十一章 一百条鱼引发的血案

话说在1647年的冬天的一个下雪日,丹波国(京都府北部)福知山藩藩主稻叶纪通和家臣勘九郎在城中赏雪饮酒。

稻叶纪通是稻叶重通的孙子,所以论辈分,应该是春日局的侄子,稻叶正胜的堂兄弟。因为这层关系,所以他一直很受幕府器重,先是在伊势(三重县)的田丸藩当藩主,接着又转去了摄津的中岛藩,最后又到了现在的福知山藩,每回转封,领地都能涨不少。

君臣两人就这么一边喝一边聊,从幕府的政治聊到幕臣里谁最帅,再开始猜测大奥里哪个姑娘最漂亮身材最好,最后实在没的说了,便开始评论起他们的下酒菜。

"这菜真好。"勘九郎是被主公请来陪酒的家臣,当然不能说这菜真难吃之类的话。

"嗯,是不错。"稻叶纪通点点头,"勘九郎,你说这世上最好吃的东西是什么?"此乃设问句,因为没等勘九郎回答,纪通就自行把答案说了出来:"是寒鰤。"

所谓寒鰤,就是寒鰤鱼,一种很好吃也很讨口彩的鱼,在日本,成年的大鰤鱼还有一个非常响亮的花名,叫出世鱼,日本话里出世就是出人头地的意思。因为这种鱼一般捕捞于冬天,所以也叫寒鰤。

顺便说一句,这鱼其实我吃过,但真心没觉得有多好吃,只是稻叶纪通似乎特别偏爱,一边说着一边就开始咂巴起了嘴:"啧啧,那可真是人间美味啊。"

勘九郎只是默默地喝了一杯酒，摆出了一副继续聆听的样子。

"那时候我在田丸藩，正好靠海，所以在冬天就能吃到寒鰤，可现在是没机会了。唉，真想再吃一回啊。"说着，稻叶纪通露出了一脸的惆怅。

福知山藩位于山区，不靠海，故而自然是捞不着那玩意儿了。

话听到这里，一直不吭声的勘九郎突然脸色一亮："大人，我有办法能弄来鰤鱼。"

"哦？此话当真？"一听有得吃了，稻叶纪通也两眼放光了。

"去找京极大人如何？"

勘九郎口中的京极大人，指的是京极高广，他是京极高知的儿子，也就是浅井三姐妹中老二阿初夫人的侄子。

京极高广当时担任了丹后宫津藩的藩主，地点位于京都府北部，靠海，而且还有着当时日本屈指可数的渔场——丹后渔场，弄几百条鰤鱼不成问题。

就这样，稻叶纪通当天就修书一封然后让人送去了宫津藩，向京极高广讨要鰤鱼。

再说那京极高广，其实也不是小气之人，在看完了信后，便相当大方地吩咐手下，说是既然稻叶大人喜欢鰤鱼，那就送他百八十条的，反正现在是冬天，正是捞鱼的好时节。

但有个家臣却劝道说，大人，做人最好别那么大方，有的事情不能不防。

京极高广有点奇怪，问道是何事。

家臣表示，稻叶大人喜欢寒鰤，您先前就知道？

高广连忙摇头，说自己跟他又不熟，他喜欢什么我怎么可能知道。

"那谁知道他要这鰤鱼做什么呢？如果真是像信上说的自己吃，那当然再好不过，可要是派做其他用途，大人，您不得不防啊。"

可能很多人都不明白这话到底什么意思，因为鰤鱼说穿了也就是鱼，除了吃之外也实在没什么其他的用途，又不是河豚这种杀人灭口必备良器，拿在手里不吃还能用来干吗？等着烂掉吗？

时为正保四年（1647年）的冬天，江户幕府已经创立了将近半个世纪，在这半个世纪里，幕府的集权不断加强，不光是将军，就连德川家的重臣们也拥有着极大的权威，很多时候哪怕是家臣的一句话，都能决定一个外藩大名的生死贵贱。

所以在日本，大名要想混得好，就必须讨好幕府，而讨好幕府，首先得从讨好那些幕臣开始。

至于讨好的方法，当然是送礼。不过这也有讲究，金银美女太俗，琴棋书画太装，而且人家也不缺这个，最好送一些别人没有的东西——比如特产。

日本这国家说大不大说小也不小，天南地北的物产其实很丰富，而且基本上每块地方都具备着每块地方所独有的特产，而这些独此一家的特产，正是送礼拍马的最佳物选。

那位宫津藩的家臣所担心的，就是稻叶纪通把鰤鱼拿回去不是为了吃，而是借花献佛地送给幕府，这样一来尤其能彰显自己的忠心——看，别人送给我的特产，我都舍不得吃，全拿来孝敬将军了。

要是真发生了这种事情，京极高广肯定会觉得很恶心的，要换了你你也会恶心，可别人都写信来要了，而且这人又是深受幕府宠信的春日局的侄子，真要翻脸说不给，似乎也不合适。

最后还是那位聪明的家臣给想出了一个主意："大人，您不妨在那鱼上做些手脚，让它们变得只能吃却不中看，这不就行了？"

京极高广觉得言之有理，重重地点了点头。

数日后，一百条鰤鱼被从宫津藩送到了福知山藩。

鱼倒都是好鱼，无一不是养足了分量的出世鱼[1]，唯一的缺陷就是它们全部都是没了脑袋的。

这便是宫津藩动的手脚。他们在送货之前把鱼头都给人为地切了下来，这样一弄，品相就坏了，你放在家里自己吃没问题，味道不会变，但要送人，便拿不出手。

凭良心说，这是一个不错的想法，但却是个非常糟糕的做法。如果是我的话，我会选择切鱼的尾巴而不是脑袋，因为切脑袋口彩不好，相当不吉利，就好比你逢年过节捧着一口钟当礼物给人拜年一样，哪怕这钟是瑞士产的限量版，也会被人给打出来。

果然，当稻叶纪通一看到这一百条无头鱼之后，当场就怒了："那帮混账，是想砍了我的脑袋吗？"

虽然手下的众臣们都很想上前去劝，可谁也不知该怎样开口，毕竟这种砍了鱼头再拿来送人的行为实在是太具有挑衅意味了。

越说越火大的纪通站起身子，走到那些装着鲕鱼的箱子跟前，然后挨个把它们如数踹翻，再用脚一条条地把这些鱼都给踩了个稀烂，最后又命令手下，把那一百条无头鱼全部丢掉。

于是在那几天里，整个福知山藩上下都弥漫着一股鱼腥味。

然而稻叶纪通却是意犹未尽，接着又下了一道命令："从今往后，但凡丹后国的人，只要敢到我丹波境内，一律杀无赦！"

这可真是要了命了。

丹波跟丹后的大致地理位置之前已经说过了，都在今天的京都府内，且偏北。不过具体说来的话，前者在后者的南面，并且两地相邻，同时，如果要想从京城出发去丹后，那么丹波则是必经之路。

京城你知道的，是当年日本的大都会，和江户、大阪一起并称为日本三大都市。

1　日本料理中的特指概念，"出世"有高升、腾达之意。出世鱼在不同生长阶段也被赋予不同的名字。

在这个季节，很多丹后的商人都在京城里卖鲥鱼，等着卖完赚一票之后回家过年。

结果迎接他们的不是亲人的笑脸而是福知山藩的屠刀。

短短几天，就有二十多个丹后出身的鱼贩子被斩于福知山下，那稻叶纪通却是仍觉得不过瘾，几乎到了走火入魔的地步。原本砍人之前还让人问个青红皂白，只杀丹后出身，其余不问，到了后来干脆是只要经过自己领地的，一律杀。

很多送快递的哥们儿（日语叫飞脚）因此就倒了八辈子的霉，辛辛苦苦跑到福知山，莫名其妙地就被五花大绑一扎然后押赴刑场引颈受戮。

而稻叶纪通却是杀得兴起，有时候自己还会来到国境线前，端着一门铁炮，看到可疑的入境者便一枪爆头。

京极高广吓坏了。他不明白这到底是要闹哪样，眼瞅着自己的领民家臣出不去而外面人也进不来弄得跟围城似的，而那稻叶纪通又整天耀武扬威地在那里拿着铁炮到处爆头。思前想后，只好向幕府求救，哭诉自己的遭遇。

在京极高广的求救信里，稻叶纪通基本上就被描绘成了一个拿着铁炮四处乱射的疯子，同时高广也希望中央政府赶紧想点办法，把这位爷的神通给收了去。

而幕府在刚收到消息之后着实是吃了一惊。经过查证，又吃了第二惊，因为堂堂一介诸侯，为了一口吃的，居然跟那恐怖分子似的成了没脸没皮的铁炮狂人，这不要说是不可思议，根本就是前所未闻。

但真相就是真相，不管你怎么不愿去相信，它就摆在了你的眼前。

尽管是春日局的侄子，但如此无法无天，中央政府也不得不出手处理了。

庆安元年（1646年）八月，经过上下缜密磋商，最终幕府向稻叶纪通公布了处分决定：淡路守（稻叶纪通官居淡路守）纪通，因过分的欲望而导致乱心,从而做出了不可饶恕的行为,故,以谋反论处,先没收全部领地,并限制自由,同时等着下一步的判决。

听完这个之后,稻叶纪通是真的疯了。

他当着几个幕府使者的面突然狂叫了一声,趁着对方一哆嗦的当儿,推开他们就冲出了屋子,然后一路小跑来到福知山城的天守阁,接着穿上了祖传的铠甲,拿过了一杆铁炮,又跑到了天守阁的最高层,摆好了射击的架势。

之后,他非常娴熟地瞄准城外,装弹,点火,开枪,再装弹,再点火,再开枪。

一阵漫无目的地乱射之后,子弹只剩下了一颗。

稻叶纪通调转了枪口,对准了自己的脑袋。

就听得"砰"的一声,世界终于清静了。

话说我第一次听完这个故事之后头一个反应便是去查那位稻叶大人的生辰八字,不为别的,就为了看看哥们儿当年到底多大。

根据我的感觉,估计事发当时,不会超过25岁。

但我发现自己错了,那一年哥们儿都45了,这是一个在那个年代都能当爷爷的年纪了,结果却依然是那么不着四六。

这还真是没地儿说理去。

第三十二章 狮子座陨落

庆安三年（1650年），江户城内传出了德川家光病重的消息。

这其实也是意料之中了，这哥们儿从小身体就不好，大家都知道，自步入中年之后，更是一天不如一天。而且不光是身体，就是精神上他也不太稳定，得了焦虑症，具体表现就是有事儿没事儿在那里闲着忧伤，常常还会跟身边人莫名其妙地起冲突，比如医生来检查身体，明明查出来没事，他却硬说自己病了，逼着人家给开药；有时候明明是贵体欠安，需要吃药，郎中也给了单子了，结果家光却愣是自称没病，还大呼小叫说别人图谋不轨，想弄耗子药毒死自己。

万幸的是，这种折腾仅限于生活方面，在国家大事上，家光还是保持着万分的清醒。在他深陷重病之后，便立刻很清楚地意识到自己这回兴许是命不久矣了，于是很快便着手安排起了后事。

所谓后事，重中之重的首要便是继承人。

德川家光经过不断耕耘，终于有了健康存活下来的儿子三名（注意健康存活这四个字），长子竹千代，之前已经提过；次子长松，正保元年（1644年）降世；三男德松，生于正保三年（1646年）。

既然提到了儿子，那就顺便再说一说娘亲。

长松的生母叫阿夏，是京都人，她的父亲叫弥市郎，乃京都一介普通市民。

阿夏原本是伺候家光正室鹰司孝子的丫鬟，地位比较低，按说是没有跟将军直接会面的资格。然而某天家光洗澡,因为一直伺候自己擦身搓背的那个丫鬟这天刚巧不在,于是便从鹰司夫人那里把阿夏调过去伺候,这一来一去,两人就认识了,接着又好上了,再接着,便有了长松。

顺便一说,母以子贵,父以女荣。由于阿夏入了大奥,生了龙子,所以她爹弥市郎一家也因此而飞黄腾达了起来,先是被赐了个姓,姓藤枝,然后又提拔当了家臣,还分了田地,当了土豪,领俸禄四千五百石,正可谓是乌鸦一跃上枝头,成了金凤凰。

而德松的母亲阿玉跟阿夏一样,也是小老百姓出身。她家到底是干啥的,至今未有定论,一般认为是卖丝绸的,这个倒还好,勉强能算个小资中产,不过也有说法是他们家乃是摆地摊卖萝卜或是白菜的蔬菜贩子,而最狠的是最近有专家通过文献,得出结论说这姑娘是韩国人,她的母亲是当年丰臣秀吉侵略朝鲜那会儿被虏回日本的高丽姑娘,在京都某公家家里当了丫头云云。

在宽永十六年(1639年)前后,阿玉作为春日局的贴身丫鬟被招进了大奥,不久之后就来到了家光的身边,给他生下了儿子。

虽说儿子有三个,也不算少,但德川幕府的第四代将军,那自然只能是竹千代一人。其实这孩子早在弟弟长松诞生的那一年就已经元了服,改名德川家纲,用了德川宗家姓名必带字——"家"。

只不过那年他才八九岁的光景,虽然很多礼节方面的仪式都已经由他以将军继承人的身份来主持操办了,可终究只有这点年纪,做了将军也没法独当一面,势必得有重臣辅佐,所以在之后的日子,家光频频召见各种家臣单独谈话,其实内容不说也明白,无非就是让他们在自己撒手人寰之后,好好辅佐幼君。

安庆四年(1651年)正月新年刚过,家光的病情便开始加重,具体的症状是经常性头痛,一个月后,连正常的行走都变得极为困难了。

用今天的话来讲,其实就是脑梗。

至于病因，也不单单只是从小身体就不好这么一句话如此简单了，而是饮酒。

德川家光生活比较单调，早年除了"只爱小伙不爱姑娘"就是喝酒，后来前者戒了，但后者仍在继续，而且每次一喝就是几大缸。从理论上而言，他患上脑梗一点也不意外。

顺便一说，当年战国那会儿的一代军神上杉谦信，正是饮酒过量导致脑梗突发而亡。

所以嗜酒如命的同学请注意了，你要么就少喝点酒，要么就尽量别用脑子。

当年四月十九日，这天家光闲来无事，在城内召开了茶会，喝着喝着，突然就一头扑倒在了小案子上，杯子里的茶水也洒了一地。

当天晚上，医生就开出了病危通知，并让老婆孩子以及侧近家臣开始准备后事。

而众臣们也连夜在江户城里排起了长队，趁着将军至少还能说几句话以及能弄明白1+1等于2的当儿，见上他最后一面。

这天晚上，意识几度模糊的家光突然又回过神来，并且指名要弟弟保科正之来见。

早就在城里候着的正之不敢怠慢，连忙在侍从的指引下走进了病房，跪在了哥哥的身旁。

"肥——肥后——"家光轻轻地唤道。

肥后就是肥后守，保科正之的官名。

"我在这里。"

"弟弟啊，诸事就全拜托你了。"

这一声弟弟，其实分量很重。

因为对于万人之上的将军而言，从来都不应该有兄弟，即便同父或是同母所出，那也不过是流着一脉血液的家臣罢了。

但家光依然叫了声"弟弟"。

保科正之没有回答，只是伏地跪拜，泪如雨下，久久不起。

4月20日，江户幕府第三代将军德川家光病逝，享年48岁。

这个人如果要评价的话，那也就一句话——他是个少爷。

在日本，有一个流传很广的故事，是关于家光的。

话说当年，将军大人在目黑（东京都内）打猎，打了半天肚子饿了，路过一家农户，里面有一老农正在烤着秋刀鱼。

腹中饥饿的将军走了进去，说是能不能一块儿吃个饭，不白吃你，完事儿了重重有赏。

农民一看这前拥后戴的，知道是个惹不起的主儿，于是也无所谓重赏不重赏了，连忙抬起屁股挪开，弱弱地说俺就这一条烤鱼了，您要不介意就这么蹲着吃吧。

已经快饿傻了的将军也顾不得那么多，蹲在了地上就啃起了秋刀鱼，因为饿得急，也管不了鱼刺肠子，一股脑地全都吃了下去。

风卷残云之后，将军大人抹了抹油光光的嘴巴道："真好吃，真乃天下第一美味是也。"

说完，赏了老农些许金银，便走了。

大概过了几个月后，某天将军大人突然想起了烤秋刀鱼，于是便叫来了厨子，下了命令，说："今天的晚饭，我要吃秋刀鱼。"

厨子不敢怠慢，连忙下厨房张罗了起来。

当将军的厨师跟当普通老农有一个最大的区别就在于将军跑老农家吃饭，一般是碰啥吃啥，万一吃坏了拉了肚子，那也是生死由天命，没办法的事，可厨师却不能这么乱整。且说那位厨子仔细琢磨了一番之后，觉得烤秋刀鱼虽然美味，可里面鱼刺什么的都不剔的话，万一将军梗骨在喉一命呜呼就麻烦大了，所以思前想后，最终还是把鱼刺都给拍了出来，做了一道秋刀鱼肉丸端了过去。

将军吃了一口，便皱起了眉，又摇了摇头，问道："你这秋刀鱼是哪来的？"

厨子很如实地作了回答："这是日本桥（东京都内）的鱼市上买来的。"

"不行不行，这秋刀鱼，果然还得要目黑的。"

无论是目黑还是日本桥，本身都不产秋刀鱼，这个故事的笑点如果打个比方的话，就是某天一个很渴的人路过了全家便利店，买了一瓶××牌矿泉水，狂饮之后顿觉甘甜。数日后，他路过罗森便利店，虽说一点也不渴但还是买了同样的××牌矿泉水，小酌了几口之后幽怨地说了一句："××牌矿泉水，果然还是全家的好喝啊。"

这就叫做饿时吃糠甜似蜜，饱时吃蜜也不甜。

而上述故事中的将军大人其实说的就是家光本人，而这个"目黑的秋刀鱼"段子，虽说真伪已然不可考，但却被代代流传了下来，在今天，已经变成了日本落语（单口相声）中著名的主题。

在很多日本人心目中，德川家光的总体形象就是这么一个不谙世事，没什么社会经验，有点傻乎乎的大少爷，这是因为和历经大风大浪的德川家康以及小风小浪的德川秀忠相比，家光的一生几乎是风平浪静，即便有事那也不过是小打小闹——岛原之乱，仅限于九州边陲；宽永饥荒，也不过是各藩饥荒，终究不曾波及到江户附近的那一圈天领，跟家康会信玄于三方原、秀忠斗昌幸于上田城相比，那根本就不算个事儿。

因为含着金钥匙出生，穿金戴银地长大，所以家光在做人做事方面，都有着不少欠缺，比方说他铺张浪费，为了改造扩建日光东照宫，将家康遗留下来的庞大财产几乎用了个精光；又比如说他贪图享乐，生平喜欢穿花衣戴花帽，还喜欢跳风流舞。

风流舞是什么我们之前在说德川信康切腹的时候就已经提过了，这里便不再重复。

不过，这一切都无法掩盖另一个事实——德川家光，乃是一代明君。

他的成绩有很多。政治方面，家光完善了家康时代所制定的三部根本大法,并在治世前期以强势的手段把朝廷打压得跟孙子一般;经济方面,虽然是奢侈得过头了些,却也定下了不少好规矩,像土地禁止买卖令,至少是有效地遏制了江户时代初期的土地兼并与流失;至于外交方面,一部锁国令,就足以让人专门写一本书来称道了,前面就已经说过,取各方之精华而成的日本文化之所以能在今天成为一种独立的文化存在于世而非单单的山寨文化,当年的锁国令功不可没。

而在家光所有的成绩里头,最具有代表性或者说最精彩最完美的,当属他成功建立了德川时代的幕藩制度。

所谓幕藩体制,简单而言就是在保证幕府绝对权威的基础上,由下面各藩充分自治的一种政治制度。尽管在官方的概念里,这被认定为是分封制的一种,不过最近也有很多人认为,其实幕藩体制,就是联邦制,对此,我只表示智者见智仁者见仁。

但有一点却是不容置疑,那就是这套幕藩体制在日本之后的历史变革中,起到了巨大的作用。

家光死后,年仅10岁的家纲继位,当上了将军。

很久之前,我曾经在一本书上看到过这样一句话:"让年幼的家纲继承大位,无异于昭告天下,幕府的统治已经稳如磐石,即便黄口小儿做将军,也绝无大碍。"

看完之后的感觉就是在打肿脸充胖子。

要命的是这样的观点似乎并不少见。

让家纲当将军那纯粹就是因为家光死了,就他一个长子,但凡要还有一个能来人事儿的儿子,也绝对轮不到他德川家纲的。

事实上,在家纲刚刚继位的那会儿,德川幕府并非如磐石般稳固,非但不是,反而还危机四伏,状况百出。

首先出现的事端是家臣殉节。

家光去世的当天,就有数位重臣跟着一块儿切腹自尽,追随主公而去,其中包括了岩槻藩五万石藩主、老中阿部重次以及同为老中的佐仓藩十二万石藩主堀田正盛。

重臣的殉节所导致的一个直接后果就是没人干活了，也别说处理政务，就连给家光开追悼会都嫌人手不够。

然而，就在整个江户城里的大伙都手忙脚乱地一人干两人活的当儿，奇怪的事情又发生了。

当年七月，三河国刈谷藩两万石藩主松平定政，突然给家纲打了报告，说自己不干了，所有领地如数奉还。

接着，他手里捧了个饭碗，一路化斋讨饭到了比叡山，然后宣布出家，法号不伯。

此事一出，全国震惊。

这位松平大人，时年40出头，虽说年龄不大，石高也不高，可辈分却不小。

他爹叫松平定胜，是德川家康同母异父的兄弟，所以算下来这哥们儿其实是三代将军德川家光的叔叔，是德川家纲爷爷辈的人物。

当时能让四代将军叫一声爷爷的家伙真心不多了，还在喘气儿的也就那么几个，而且大家都很有爷爷的样，都在尽心尽力地辅佐幼君，唯独这大爷，愣是在这种让人心急火燎的时刻做了件够孙子的事儿，撒手不管看破红尘了。

而众家臣们都觉得很奇怪，你没病没灾的，当什么和尚呢？而且还是这节骨眼上，不存心扯后腿么？

对此，松平定政振振有词："在下不认为年幼的家纲有能力治理这个国家，而辅佐周围的所谓重臣们，也没有这个能耐。"

所谓"辅佐周围的重臣们"，其实特指以下几个人：保科正之、松平信纲以及酒井忠胜等。

这话不说还不打紧，一说大家都怒了：你小子不干活逃出去逍遥快活也就罢了，还在那里站着不腰疼地说风凉话，太那啥了。

而且这种大逆不道之言一旦传出去变了样，对于日本的安定团结没有丝毫好处。

所以那几个"辅佐周围的重臣们"决定,要好好严惩这厮。

数日后,松平信纲以幕府的名义对外宣布了对松平定政的处分决定:剥夺全部领地。

当然,出家也别想了,定政被送往了他哥哥伊予松山藩(爱媛县内)藩主松平定行处,说是要他闭门反省。

这倒真是把老鼠送进了米缸,因为是哥哥家,所以也没人管他,松平定政之后的日子那只能用享清福三个字来形容,每天不是画画就是吟诗作对,偶尔还能弄几杯酒喝喝。

这事儿处理到这一步貌似就该落下帷幕了,可包括松平定政本人在内都不曾想到,他的这一疯狂的举动,居然产生了很多连锁反应。

很快,更大的危机又袭向了幕府。

第三十三章 奇怪的客人们

安庆四年（1651年）七月。

自中旬起，江户城下町街头的一些放贷的钱庄和当铺里，很莫名地出现了许多蹊跷的客人。

说蹊跷，是因为他们都清一色的是浪人，并且很穷——虽然这看起来没什么奇怪，毕竟一没工作二没钱的确很可能去借高利贷，可关键是第三点：这些贫穷的浪人，无一例外地都口气豪迈，具体表现在每每踏进店门，尽管身上补丁叠补丁还面有菜色一看就知数日不曾饱餐，可一开口，却是气盖云天："给老子拿五十两来！"

五十两指的是五十两黄金。

时为安庆年，在这个还算风小调雨小顺的年头，一两黄金可以买上一石米，然后足以让一个五口之家温饱地过上一两个月。

而这些人张口就要五十两，有的甚至要更多，什么一百两三百两的，至于最狠的那位，上来也不言语，直接冲入掌柜轻轻地挥了挥长着五根指头的手——五千两。

于是掌柜的理所当然就纳了闷：你连一片浮云都不带来，凭什么挥了挥手就敢要那么多钱？

不过考虑到来者是客这一万古真理，所以众商家们倒也没明着吐槽嘲讽，只是摆出了一副生财的和气脸孔，笑呵呵地问上一句："客官可有抵押？"

典当行自不必说，干的就是典进当出的营生，高利贷其实也是如此，毕竟非亲非故，你不给些许物什押在那儿，谁敢把钱借给你？

　　同时，商人们也是看准了那些穷浪人掏空老窝也拿不出值那三五十两黄金的东西，既拿不出，那么这要钱一说，自然也就不可能了。

　　讲白了就是很委婉地让你知难而退赶紧滚蛋。

　　可奇怪的一幕又出现了，虽然那些来借钱的浪人们并非一起而来，时间上确实有先有后，可当掌柜的问起他们有无抵押这问题的时候，答案却是惊人的一致："有！老子有的是宝贝！"

　　有宝贝当然好了，人不可貌相嘛，谁知道你那乞丐装下是不是藏着传国玉玺，所以商人们仍是一副笑容："敢问尊宝何物？"

　　终于，最骇人听闻的剧情上演了。

　　浪人们的宝贝固然是各有不同，可倒也大同小异，大同之处有两点，第一，这宝贝他们当时都拿不出来；第二，宝贝都是土地。

　　比如某浪人太郎，向老板借黄金一百两，声称数月之后便能归还，同时附带着的，还可以把浅草寺边上的一块土地免费租给该老板三年，让他开个新铺子。

　　同时，为了避免口说无凭，他还特地要来了笔墨，打算立据为证。

　　浅草寺你知道的，江户著名的黄金地段，这笔买卖通俗来讲，就相当于你问我借一百万人民币，三个月后还我一百万不说，再把徐家汇商业圈的一间店面房免费借给我三年。

　　这个堪称是天上掉馅饼一般的大好事。

　　但问题关键不在这里。

　　关键是，你丫的一穷酸浪人，吃了上顿没下顿的主儿，凭什么把浅草寺边上的地方借给我？你算哪根葱你就敢规划浅草寺了？

　　当时商人们的心里都这么想。

　　但他们仍然没有当面多说什么，还是摆着一副笑脸，问道："武士大人……这将军殿下，会不会答应把浅草寺给鄙人呢？"

"将军大人？嘿嘿，那娃娃他说了不算！"

武士到底是武士，口气总是要比力气大上个几分。

至于那个挥手要借五千两的哥们儿，那就更豪迈了："什么狗屁将军，到时候整个关东都是老子的地盘，他算个鸟！"

顺便一说，这位老兄用来抵押的宝贝，是江户城。

如果仅仅是一个人两个人这么上铺子里胡闹，那纯粹就是胡闹，不用太当一回事。可短短数日里，跑到当铺钱庄耍这套把戏的浪人，多达三四十个。

而且看他们的那副认真的样子，似乎也并非是滚刀肉来讹几个零花钱。

商人们自有商人们自己的圈子，晚上聚在一块儿喝花酒的时候一交流，有些反应机敏的便知道事情不对了。

至少远不是胡闹那么简单。

于是他们选择了报官，说是有一些可疑的家伙似乎在谋划着一个可怕的阴谋，希望奉行所里的众老爷们能出手管一管。

而接到报案的奉行所，似乎也觉得事关重大，故而不敢擅专，又将这事儿给往上捅了一级，禀报给了幕府的众大人们。

再说幕府那边，一接到这个情报，几乎是如临大敌。首辅松平信纲亲自出马，成立了专门的应对小组，而正在会津领地的保科正之听说之后，也特地从东北赶回了江户，撸起袖子就准备跟大伙一同抓犯人。

尤其是松平信纲，斗志昂扬，几乎到了燃烧小宇宙的程度。

之所以要这样，也不是没有原因的。

首先，这次事件中，牵扯到了浪人。

幕府建立半个多世纪以来，跟浪人这个职业群可谓是结下了深厚的孽缘。

灭丰臣家的时候，以真田信繁为首的十万浪人进驻大阪，和德川军展开了生死磕斗。

岛原之乱，虽说是天主教徒们起的事，但乱军中的主要战斗力，其实还是那些个失去了主君领地的切支丹浪人们。

反正一句话，这些年来，但凡碰到和幕府叫板，过不去的事情，基本上都有浪人掺和在里头。

这主要得归功于这帮人所独有的特性。

浪人是武士，这点是肯定的，而武士，则是江户时代日本的统治阶级，这同样无人可以否认。

然而，在身为统治阶级的同时，浪人却又是一个社会底层的存在——由于他们没有可以侍奉的主君，故而亦然大多没有固定的经济来源，即便有，绝大多数干的也不是什么体面的工作，比如工地搬砖之类，所以，在太平岁月，浪人们自然而然不太可能步入上流社会。

说不能成为上流人士这还是抬举他们的，事实上的情况是，在和平年代，只会拔刀打仗别无技能的浪人们，根本就是个社会的累赘。

既是名正言顺的贵族，又是人人唾弃的瘪三，集两者于一身混迹于天地之间，正是这个族群的特殊所在。

而对于众浪人而言，要想出人头地改变现状重新成为名符其实的贵族，则最好是天下大乱。如果天下不乱，那么只能用自己的双手来搅和一把，将这惨淡的世道搅得一片混沌。

当然，幕府是肯定不愿意这种情况出现的，在他们看来，浪人就是造成社会动荡的不稳定要素之一，尽管不可能把他们斩尽杀绝拔草除根，但至少也得让他们半死不活。

在江户时代初期，针对浪人的政策，是非常繁多和苛严的，几乎是要到了把人逼疯的地步。其中最著名的一条，是严禁末期养子。

作为一名没有主君没有薪水的浪人，在和平年代想要靠和平合法的手段咸鱼翻身，除了中六合彩之外，那就只有给大户人家当儿子了。

前面我们已经说过很多次，日本跟中国很大的一点不同就是古代的日本人并不特别看重血亲的一脉相传，即便是养子，也能立嫡，也能继承家业。如果一个没有工作身无分文天天饿肚子的穷浪人,能够得到一个去大户人家甚至是普通武门里当儿子的机会,那无异于丑小鸭变白天鹅。

或许有人会问,既然是大户,那完全可以找门当户对的孩子当养子,为什么偏偏要去找一些都快要流落街头的穷浪人?

这首要自是因为门当户对的孩子吃穿不愁,没必要改名换姓地跑别人家去过日子,还有一个很重要的原因就是天有不测风云,在那个医疗水平相当落后的年头,突发性的死亡概率比较高,很多人都是早上还挺太平地用着早餐,可到了中午连午饭都来不及吃就直接拉去火葬场了。又没留下个儿子,偌大的家产眼瞅着就没人继承了,根据幕府的规矩,没人继承家业,则视为自动放弃,家中财产田地全都收归将军家所有。

在这种时候,以最快的速度找一个人来当养子给幕府以交代就显得非常重要了。

显然,如果去找门当户对的人家,那么别人要商量,要讨论,要拍板,很费时间,为了避免夜长梦多,最好的办法就是去找一个一听说这事儿便马上会点头同意的主儿。

这自然说的就是那些眼巴巴地等着进别人家门给人当儿子的穷浪人。

而这种在人死后或是临死前才进门的养子,被称为末期养子。

但是幕府对于这种行为却并不认可。

早在家康时代,中央就有过明文规定,武门收养子必须申报,得到批准之后才能收养,不然上头一律不予以承认,人死后家业照样归国家所有。

同时,该规定还指出,在幕府审批期间,如果申报人死亡,则一概算作申报无效,自然,养子也一块儿跟着无效了。

如此一来,末期养子在实际操作上已然是成了不可能的事情。

不过这倒并不是专门针对浪人的，而是为了防止大户人家的家臣心怀不轨，把自家主公暗杀了再随便勾结一个瘪三谋取家业。

可这样一弄，虽是有效地避免了家臣谋财害命，但也等于是间接断送了很多浪人们的咸鱼翻身之路。

但幕府显然是不会在意这些的，在那些阁老们看来，所谓浪人，就是祸害，留他们存活在人间，那仅仅只是行人道，对于这批人，必须得严防死守。

所以，当听说浪人们已经组了团要闹腾甚至还有翻天的嫌疑的时候，幕府里没有一个不是把神经绷直的，毕竟现在这个时候也不太好，三代将军刚死，四代将军又年幼，正是形势最薄弱的当口，不得不防。

其次的那个原因则是和松平信纲本人有关。话说这家伙自这数月以来，一直处在一个人气极低、风评极差的田地。

而个中的缘由说起来倒也让人一脸黑线，主要是由于信纲在家光病逝的时候，没跟着一块儿殉死。

凭良心讲，不跟着将军一起去死这很正常，于公于私都做得很对，毕竟生命是自己的，实在没必要平白无故地去送死，更何况幕府那么多事，都要跟着死人家光一块儿去了，那活人家纲怎么办？没有重臣辅佐着，那这活人估计离死人也就不远了。

但问题是江户的人民群众们却不这么看。

在他们心目中，食君禄，尽臣忠，你松平信纲既然平日里人称家光的左右手，那就应该跟着将军同生共死，生是德川家的人，死是德川家的死人，更何况将军死了又不是没人殉死，都一起跟着去了十好几个了，重臣里头唯你信纲独活，实在是太不要脸。

于是一时间说什么话的都有，而且还都很不好听。

比如有人编了一首歌谣，叫伊豆，伊豆，小豆豆，又软又嫩撒一路，你说他有啥个用，送给大娘做豆腐。

伊豆指的自然是智慧伊豆松平信纲了。

还有些好事者则比较缺德了：几个酸秀才私底下聚在一块儿，仗着喝过几口酸墨水，给信纲起了个戒名，就是人死后的法号，叫弱臣院前拾遗豆州太守弱死斟酌大居士。

豆州就是伊豆。

对此，松平信纲虽说是心中愤慨万分，可却又没处讲理，毕竟堂堂首席老中不能跟菜市场大妈一般见识，于是只能自认倒霉，任由市井谩骂攻击，缩头当他的弱臣斟酌大居士，实在憋得难受了，才在私底下恨恨地说上一句："老子要真死了，幕府那么多事情谁来干？"

不料这话一经传出，民间又是一阵吐槽，而且话也讲得相当难听，说是死了张屠户还不吃带毛猪，你松平信纲说到底就是个没种的货，只会高居庙堂浪费纳税人金钱，还真以为自己是辅国栋梁了？真要是那根梁，你倒是栋一个给我们看看呀？

无言以对的信纲这下连话都不敢乱说了，几乎整日都生活在郁闷的阴影之中。好在老天不曾抛弃他，现如今总算有了这么一个机会——凭着超高的智商和敏锐的神经，信纲断定，这些浪人们必定在策划着一个惊天大案，而只要彻底查明他们的阴谋，再挽狂澜于危难，救天下于水火，那么便能向世人证明，他松平信纲活着是有巨大价值的，绝不是吃白饭的税金小偷。

再说在松平信纲的率领下，专案组成员根据商人们提供的线索，很快就抓到了那几个打算用日本各处土地来做抵押换金币的哥们儿。在将他们抓进小黑屋一顿严刑拷打之后，一桩"江户儿女多奇志，敢教日月换新天"的超级大秘密终于浮出了水面。

正如信纲所料想的那样，这伙浪人确实是在策划着一起大案。简单说来是打算趁着月高夜黑的当儿跑城下町放火，再等到四下混乱时，带着一干人等冲进江户城，把年幼的四代将军德川家纲给掳走。

但至于具体怎么掳走，无论怎么上老虎凳灌辣椒水，这些人却也都说不出个所以然来，有的被打急了眼，只得胡言乱语，说出一些诸如勾结了大奥里的某个女官之类大逆不道的污蔑之词，下场自然是再遭一顿更上层次的毒打。

对此，主审官松平信纲表示就此打住，直接进入下一个话题。

"你们掳走将军的用意何在？"

对于这个问题，答案可谓是五花八门。有人说是绑票，向幕府敲一笔赎金；也有人说是拍花子，把家纲卖到外国去，比如天主教国家，以报复幕府的锁国令，等等。

答案虽然混乱，但不外乎都是想利用将军发一笔大财，而且从之前浪人们摆着一副马上就要发财了的架势跑去当铺卯吃寅粮这点来看，也确实比较可信。

所以陪审的幕臣们基本上都认可了这个说法，准备再问问有没有同党之类的问题就好结案了。

但松平信纲却表示了反对。

"如果只是为财，那你们在典当行里，怎敢以土地为质？"他问那些浪人道。

这确实是一个发人深思的问题。

土地是土地，钱是钱，虽然在今天你有钱就能买田置地，但在江户时代，两者之间却是很难互画等号的。

你绑架了将军想要钱，这种行为从本质上论跟绑了隔壁王叔叔然后问王阿姨要赎金是一样的，可掳了将军之后想要土地，那么事情的性质就大不相同了。

说白了，这是一种想要颠覆原有政权再造一个新社会的谋反之举。

尽管绑将军要赎金跟绑将军推翻幕府都是不折不扣的死罪，但就操作难度而言，显然是后者更高，而且需要更多的人力和物力。同时，考虑到这帮领地还没到手，八字还没一撇就满世界咋咋呼呼的浪人们实在不可能完成这一壮举，所以，他们背后必定有一个主谋，而且绝对不会是个简单的角色。

"告诉我，你们幕后的老大是谁，说了就能活命。"松平信纲将目光转向了那个要把江户城抵押给当铺的哥们儿，"你叫什么？"

"奥……奥村八左卫门……"

"如果不想死，那就说实话。"

从那些浪人用来"抵押"给商人们的质物中，就数这位仁兄的江户城最霸气，所以信纲推断，这厮多半是乱党里地位比较高的，至少是这批人里地位最高的。

所以问他准没差错。

而奥村八左卫门此时已经被打得皮开肉绽求死不能，早就没了数日前敢拿江户换金币的豪迈，几乎是没有丝毫的犹豫，他就吐出了一个名字："由井正雪……我们的首领是由井正雪……"

松平信纲一惊，但还是努力摆出一副淡定的模样："你说的，可是那个张孔堂的由井正雪？"

"正是此人……"

信纲沉默了。

第三十四章 惊天秘密

对于这个名字,松平信纲并不陌生,其实也不光是他,在场几乎所有的陪审官员,都有所耳闻。

由井正雪,江户时代初著名军事理论家。请注意理论二字。

此人的出身可谓是富而不贵,家里是开染坊的,尽管有钱,可终究是商人。江户时代把人按照职业分为四等,叫士农工商,士,武士;农,农民;工,手工业者;商,商人。做生意的即便再有钱,却也终究是社会第四等。

或许是造化弄人,尽管出身商家,可由井正雪自幼就表现出了非凡的武门天赋。读书做学问这自不必说,舞枪弄棒亦很擅长,甚至排兵布阵他也会,年仅十五六岁,就成了远近闻名的小天才,但因为出身,所以邻居们每每提及,总少不了一阵摇头叹息,说这孩子可惜了,生错了人家。

正当包括正雪以为自己这一生都将学无所用和父亲爷爷一样在青红皂白里度过一辈子的时候,一件改变了他终生命运的事件发生了。

因为能文善武外加长得还有点小帅,所以由井正雪被一户名门武家看上了,先是收他当了养子,接着又指名要他当自家的上门女婿。

这真是鲤鱼跳龙门,做梦都想不到的好事。

更让由井正雪感到兴奋的是,他上门当女婿的那户人家,绝非是一般人,老丈人叫楠木正辰,是战国时代著名书法家楠木正虎的儿子。

提到这位正虎,那就再多插一句,其实这人也算是个奇葩。这哥们儿在战国乱世的那会儿先后侍奉了足利义辉、松永久秀、织田信长以及石田三成等人,几乎是他在哪里干,哪里就灭门,经过他跟随的主公,就基本上没几家能善终的。

话说到这里,可能很多人的目光已经停留在了"楠木"这个姓上。

不错,你猜得很对,这位楠木正辰以及他爹楠木正虎,正是日本一代著名军神,被明治天皇誉为忠臣之鉴的楠木正成的后代。

如果有人不知道他是谁,那么在此我做一个简单的介绍。

这人是日本南北朝时代著名武士,说他是武士,但跟其他武士所不同的是,正成效忠的对象并非将军或是诸侯豪族,而是天皇。

这也就是为什么明治维新之后他被捧到了一个比神还要伟大的高度。

除了忠于天皇之外,楠木正成的军事素养也确实很值得称道,由源赖朝建立的镰仓幕府,正是在正成的带领以及活跃之下,走向灭亡的。

不过他的下场极为悲惨,因为站错了队,跟了南朝的天皇,从而受到以室町幕府初代将军足利尊氏为首的北朝诸豪族的领兵围攻,虽然力战但终究寡不敌众,不得已自尽于凑川,年仅42岁。

临死前,留下著名遗言:"吾愿七次转世报效国家。"

就是说他愿意连着七辈子都精忠报国,这也就是以前日本人常说的七生报国的由来。

顺便一说,这位楠木正成应该是日本最早被冠以军神称号的人。

再顺便一说,今天日本东京的皇宫边上,还有他的雕像,有兴趣的同学可以去参观一下。

总之,能够跟楠木正成的后人结亲,成为楠木家的一员,这在军事爱好者由井正雪的心目中,是非常崇高和令人向往的。

凭借着先天的才华和后天的努力以及老婆的名门家世,短短十几年,由井正雪便成了全日本知名的军事理论家,并且还在楠木家的帮助下，于骏府城下开了一个军学道馆，取名张孔堂，专门教授楠木流军学。

张孔堂，取自于张良和诸葛孔明两人的名字。

同时，由井正雪还给自己取了一个新名，叫由井民部之助橘正雪，这是由于楠木氏本源于日本四大古姓橘姓，等于是认了个新祖宗。

应该说，张孔堂在经营方面还是非常成功的，只用了没几年，门下的弟子就达到了三千，就连很多诸侯的子弟，也慕名前来学习。

在众多的弟子中，和由井老师关系最铁的有两个，一个叫金井半兵卫，还有一个叫丸桥忠弥。

金井半兵卫，长州人士，家里原本给毛利家当差，模样长得比较俊俏，曾经做过小姓，但后来因为种种原因脱藩成了浪人，然后经人介绍进了张孔堂，成了由井门下的弟子。

至于那位丸桥忠弥，则是个相当有来头的人。

他爷爷，据说是当年叱咤风云人称四国岛最强大名外号鬼若子的长宗我部元亲，只因为长宗我部家在关原合战的时候跟了三成，所以被废了家业，诸侯的子孙也只能流落为一介浪人。

不过好在丸桥忠弥并非那些空有一张华丽家谱的世家子弟，他自幼爱好并精通武艺，尤其枪法，堪称出神入化，在江户御茶之水（地名）开了一个枪术道馆，传授宝藏院流枪法，倒也衣食无忧。

或许是觉得发达的四肢还远不足以在社会立足，所以丸桥忠弥教学相长，一边授人枪法，一边学习兵法，学得兴起，还不远千百里地从江户跑到骏府，投身张孔堂下，并很快就成为了三千弟子中最受老师信赖的一个。

这种传道授业解惑的日子虽然过得其乐融融，但却并不能让由井正雪感到幸福美满。

在他看来，自己应该能够干更大、更符合楠木家女婿和军事理论家身份的事情，比如夺取天下。

虽说这事儿听起来很像天方夜谭，但正雪却并不这么认为。在他看来，如今的幕府虽然在德川家三代人的治理巩固下确实貌似铁板一块，可也仅仅是貌似而已。

漏洞非但不是没有，反而还很致命。

从内部来看，幕府的将军年幼，重臣殉死了一批，这些都是削弱核心力量的重要因素；而在外部，历经数场大战和几十次对诸侯的大小改易，浪人的数量在客观上是大大地增加了好几倍，而这大量的浪人又一直生活在幕府的高压政策之下好多年，说是快到了临界点也毫不为过。

没有工作的浪人们虽然没钱，但却也有一样宝贵的东西——时间。

因为没有钱还很闲，所以很多人都很自然而然地走上了犯罪的道路，从走街串巷、偷鸡摸狗到啸聚山林、打家劫舍，应有尽有。

还有一些人则比较有思想，他们把自己的苦难归结于社会的阴暗和体制的不完善，总而言之一句话，都怪幕府不好。

尽管这些人还不曾具备推翻旧社会再造新社会的实力和胆略，但他们终究还是想这么做，只不过目前尚且达不到拿起武器冲进江户城的地步，能做的，只有嘴上过年，也就是聚集在一块儿的时候发发牢骚，顺便再比画一下自己的宏图伟略。

这样的人，在张孔堂里有很多。

在最开始，每当听到自己的学生在课余休息三五成群围坐一团然后侃侃而谈怎么将楠木流学以致用攻入幕府活捉将军的时候，由井正雪只是一个听众，他虽不阻止，却也不参与，只是偶尔或蹲或坐地在那里听上一两句。但渐渐地，他也会饶有兴致地插上一句："如果集中兵力死攻江户一处，未必会有效果，不如试试遍地开花的游击战如何？"